TRANZLATY

Sprache ist für alle da

Språk är till för alla

Der Ruf der Wildnis

Skriet från vildmarken

Jack London

Deutsch / Svenska

Copyright © 2025 Tranzlaty
All rights reserved
Published by Tranzlaty
ISBN: 978-1-80572-811-5
Original text by Jack London
The Call of the Wild
First published in 1903
www.tranzlaty.com

Ins Primitive
In i det primitiva

Buck las keine Zeitungen
Buck läste inte tidningarna.
Hätte er die Zeitung gelesen, hätte er gewusst, dass Ärger im Anzug war.
Om han hade läst tidningarna hade han vetat att problem var på gång.
Nicht nur er selbst, sondern jeder einzelne Tidewater-Hund bekam Ärger.
Det var problem inte bara för honom själv, utan för varje tidvattenshund.
Jeder Hund mit starken Muskeln und warmem, langem Fell würde in Schwierigkeiten geraten.
Varje hund med starka muskler och varm, lång päls skulle få problem.
Von Puget Bay bis San Diego konnte kein Hund dem entkommen, was auf ihn zukam.
Från Puget Bay till San Diego kunde ingen hund undkomma det som väntade.
Männer, die in der arktischen Dunkelheit herumtasteten, hatten ein gelbes Metall gefunden.
Män, som trevade i det arktiska mörkret, hade funnit en gul metall.
Dampfschiff- und Transportunternehmen waren auf der Jagd nach der Entdeckung.
Ångfartygs- och transportföretag jagade upptäckten.
Tausende von Männern strömten ins Nordland.
Tusentals män rusade in i Nordlandet.
Diese Männer wollten Hunde, und die Hunde, die sie wollten, waren schwere Hunde.
Dessa män ville ha hundar, och hundarna de ville ha var tunga hundar.
Hunde mit starken Muskeln, die sie zum Arbeiten brauchen.
Hundar med starka muskler att slita med.
Hunde mit Pelzmantel, der sie vor Frost schützt.

Hundar med päls som skyddar dem mot frosten.

Buck lebte in einem großen Haus im sonnenverwöhnten Santa Clara Valley.
Buck bodde i ett stort hus i den solkyssta Santa Clara Valley.
Der Ort, an dem Richter Miller wohnte, wurde sein Haus genannt.
Domare Millers plats, hans hus kallades.
Sein Haus stand etwas abseits der Straße, halb zwischen den Bäumen versteckt.
Hans hus stod en bit från vägen, halvt dolt bland träden.
Man konnte einen Blick auf die breite Veranda erhaschen, die rund um das Haus verläuft.
Man kunde få glimtar av den breda verandan som löpte runt huset.
Die Zufahrt zum Haus erfolgte über geschotterte Zufahrten.
Huset nåddes via grusade uppfarter.
Die Wege schlängelten sich durch weitläufige Rasenflächen.
Stigarna slingrade sig genom vidsträckta gräsmattor.
Über ihnen waren die ineinander verschlungenen Zweige hoher Pappeln.
Ovanför låg de sammanflätade grenarna av höga popplar.
Auf der Rückseite des Hauses ging es noch geräumiger zu.
På baksidan av huset var det ännu rymligare.
Es gab große Ställe, in denen ein Dutzend Stallknechte plauderten
Det fanns stora stall, där ett dussin brudgummar pratade
Es gab Reihen von weinbewachsenen Dienstbotenhäusern
Det fanns rader av vinrankklädda tjänstefolksstugor
Und es gab eine endlose und ordentliche Reihe von Toilettenhäuschen
Och det fanns en oändlig och ordnad samling av uthus
Lange Weinlauben, grüne Weiden, Obstgärten und Beerenfelder.
Långa vinbärsträd, gröna betesmarker, fruktträdgårdar och bärfält.

Dann gab es noch die Pumpanlage für den artesischen Brunnen.
Sedan fanns det pumpanläggningen för den artesiska brunnen.
Und da war der große Zementtank, der mit Wasser gefüllt war.
Och där stod den stora cementtanken fylld med vatten.
Hier nahmen die Jungs von Richter Miller ihr morgendliches Bad.
Här tog domare Millers pojkar sitt morgondopp.
Und auch dort kühlten sie sich am heißen Nachmittag ab.
Och de svalkade sig där även på den varma eftermiddagen.
Und über dieses große Gebiet herrschte Buck über alles.
Och över detta stora domänområde var det Buck som styrde alltihop.
Buck wurde auf diesem Land geboren und lebte hier sein ganzes vierjähriges Leben.
Buck föddes på denna mark och bodde här alla sina fyra år.
Es gab zwar noch andere Hunde, aber die spielten keine wirkliche Rolle.
Det fanns visserligen andra hundar, men de spelade egentligen ingen roll.
An einem so riesigen Ort wie diesem wurden andere Hunde erwartet.
Andra hundar förväntades på en plats så vidsträckt som denna.
Diese Hunde kamen und gingen oder lebten in den geschäftigen Zwingern.
Dessa hundar kom och gick, eller bodde inne i de livliga kennlarna.
Manche Hunde lebten versteckt im Haus, wie Toots und Ysabel.
Några hundar bodde gömda i huset, precis som Toots och Ysabel gjorde.
Toots war ein japanischer Mops, Ysabel ein mexikanischer Nackthund.
Toots var en japansk mops, Ysabel en mexikansk hårlös hund.

Diese seltsamen Kreaturen verließen das Haus kaum.
Dessa märkliga varelser gick sällan utanför huset.
Sie berührten weder den Boden noch schnüffelten sie draußen an der frischen Luft.
De varken rörde marken eller luktade i den öppna luften utanför.
Außerdem gab es Foxterrier, mindestens zwanzig an der Zahl.
Det fanns också foxterriererna, minst tjugo till antalet.
Diese Terrier bellten Toots und Ysabel im Haus wild an.
Dessa terrierer skällde ilsket på Toots och Ysabel inomhus.
Toots und Ysabel blieben hinter Fenstern, in Sicherheit.
Toots och Ysabel stannade bakom fönstren, skyddade från fara.
Sie wurden von Hausmädchen mit Besen und Wischmopps bewacht.
De bevakades av hushjälpar med kvastar och moppar.
Aber Buck war kein Haushund und auch kein Zwingerhund.
Men Buck var ingen hushund, och han var ingen kennelhund heller.
Das gesamte Anwesen gehörte Buck als seinem rechtmäßigen Reich.
Hela egendomen tillhörde Buck som hans rättmätiga rike.
Buck schwamm im Becken oder ging mit den Söhnen des Richters auf die Jagd.
Buck simmade i dammen eller gick på jakt med domarens söner.
Er ging in den frühen oder späten Morgenstunden mit Mollie und Alice spazieren.
Han promenerade med Mollie och Alice under de tidiga eller sena timmarna.
In kalten Nächten lag er mit dem Richter vor dem Kaminfeuer der Bibliothek.
På kalla nätter låg han framför bibliotekets eld med domaren.
Buck ließ die Enkel des Richters auf seinem starken Rücken herumreiten.

Buck skjutsade domarens barnbarn på sin starka rygg.
Er wälzte sich mit den Jungen im Gras und bewachte sie genau.
Han rullade sig i gräset med pojkarna och vaktade dem noga.
Sie wagten sich bis zum Brunnen und sogar an den Beerenfeldern vorbei.
De vågade sig till fontänen och till och med förbi bärfälten.
Unter den Foxterriern lief Buck immer mit königlichem Stolz.
Bland foxterriererna vandrade Buck alltid med kunglig stolthet.
Er ignorierte Toots und Ysabel und behandelte sie, als wären sie Luft.
Han ignorerade Toots och Ysabel och behandlade dem som om de vore luft.
Buck herrschte über alle Lebewesen auf Richter Millers Land.
Buck härskade över alla levande varelser på domare Millers mark.
Er herrschte über Tiere, Insekten, Vögel und sogar Menschen
Han härskade över djur, insekter, fåglar och till och med människor.
Bucks Vater Elmo war ein großer und treuer Bernhardiner gewesen.
Bucks far Elmo hade varit en enorm och lojal sankt bernhardshund.
Elmo wich dem Richter nie von der Seite und diente ihm treu.
Elmo lämnade aldrig domarens sida och tjänade honom troget.
Buck schien bereit, dem edlen Beispiel seines Vaters zu folgen.
Buck verkade redo att följa sin fars ädla exempel.
Buck war nicht ganz so groß und wog hundertvierzig Pfund.
Buck var inte riktigt lika stor, vägde fyrahundra kilo.

Seine Mutter Shep war eine schöne schottische Schäferhündin gewesen.
Hans mor, Shep, hade varit en fin skotsk herdehund.
Aber selbst mit diesem Gewicht hatte Buck eine königliche Ausstrahlung.
Men även med den vikten gick Buck med kunglig närvaro.
Dies kam vom guten Essen und dem Respekt, der ihm immer entgegengebracht wurde.
Detta kom sig av god mat och den respekt han alltid fick.
Vier Jahre lang hatte Buck wie ein verwöhnter Adliger gelebt.
I fyra år hade Buck levt som en bortskämd adelsman.
Er war stolz auf sich und sogar ein wenig egoistisch.
Han var stolt över sig själv, och till och med lite egoistisk.
Diese Art von Stolz war bei den Herren abgelegener Landstriche weit verbreitet.
Den sortens stolthet var vanlig bland avlägsna landsherrar.
Doch Buck hat es vermieden, ein verwöhnter Haushund zu werden.
Men Buck räddade sig från att bli en bortskämd hushund.
Durch die Jagd und das Training blieb er schlank und stark.
Han höll sig smal och stark genom jakt och motion.
Er liebte Wasser zutiefst, wie Menschen, die in kalten Seen baden.
Han älskade vatten djupt, liksom människor som badar i kalla sjöar.
Diese Liebe zum Wasser hielt Buck stark und sehr gesund.
Denna kärlek till vatten höll Buck stark och mycket frisk.
Dies war der Hund, zu dem Buck im Herbst 1897 geworden war.
Det här var hunden Buck hade blivit hösten 1897.
Als der Klondike-Angriff die Menschen in den eisigen Norden trieb.
När Klondike-attacken drog män till det frusna norr.
Menschen aus aller Welt strömten in das kalte Land.
Människor rusade från hela världen in i det kalla landet.

Buck las jedoch weder die Zeitungen noch verstand er Nachrichten.
Buck läste emellertid varken tidningar eller nyheter.
Er wusste nicht, dass es nicht gut war, Zeit mit Manuel zu verbringen.
Han visste inte att Manuel var en dålig man att vara i närheten av.
Manuel, der im Garten half, hatte ein großes Problem.
Manuel, som hjälpte till i trädgården, hade ett djupt problem.
Manuel war spielsüchtig nach der chinesischen Lotterie.
Manuel var spelberoende i det kinesiska lotteriet.
Er glaubte auch fest an ein festes System zum Gewinnen.
Han trodde också starkt på ett fast system för att vinna.
Dieser Glaube machte sein Scheitern sicher und unvermeidlich.
Den tron gjorde hans misslyckande säkert och oundvikligt.
Um ein System zu spielen, braucht man Geld, und das fehlte Manuel.
Att spela ett system kräver pengar, vilket Manuel saknade.
Sein Gehalt reichte kaum zum Überleben seiner Frau und seiner vielen Kinder.
Hans lön försörjde knappt hans fru och många barn.
In der Nacht, in der Manuel Buck verriet, war alles normal.
Natten då Manuel förrådde Buck var allt normalt.
Der Richter war bei einem Treffen der Rosinenanbauervereinigung.
Domaren var på ett möte för russinodlareföreningen.
Die Söhne des Richters waren damals damit beschäftigt, einen Sportverein zu gründen.
Domarens söner var då upptagna med att bilda en idrottsklubb.
Niemand sah, wie Manuel und Buck durch den Obstgarten gingen.
Ingen såg Manuel och Buck gå genom fruktträdgården.
Buck dachte, dieser Spaziergang sei nur ein einfacher nächtlicher Spaziergang.

Buck trodde att den här promenaden bara var en enkel nattpromenad.
Sie trafen nur einen Mann an der Flaggenstation im College Park.
De mötte bara en man vid flaggstationen i College Park.
Dieser Mann sprach mit Manuel und sie tauschten Geld aus.
Mannen pratade med Manuel, och de växlade pengar.
„Verpacken Sie die Waren, bevor Sie sie ausliefern", schlug er vor
"Slå in varorna innan du levererar dem", föreslog han.
Die Stimme des Mannes war rau und ungeduldig, als er sprach.
Mannens röst var grov och otålig när han talade.
Manuel band Buck vorsichtig ein dickes Seil um den Hals.
Manuel knöt försiktigt ett tjockt rep runt Bucks hals.
„Verdreh das Seil, und du wirst ihn gründlich erwürgen"
"Vrid repet, så stryper du honom ordentligt"
Der Fremde gab ein Grunzen von sich und zeigte damit, dass er gut verstanden hatte.
Främlingen grymtade till, vilket visade att han förstod väl.
Buck nahm das Seil an diesem Tag mit ruhiger und stiller Würde an.
Buck tog emot repet med lugn och stillsam värdighet den dagen.
Es war eine ungewöhnliche Tat, aber Buck vertraute den Männern, die er kannte.
Det var en ovanlig handling, men Buck litade på männen han kände.
Er glaubte, dass ihre Weisheit weit über sein eigenes Denken hinausging.
Han trodde att deras visdom sträckte sig långt bortom hans eget tänkande.
Doch dann wurde das Seil in die Hände des Fremden gegeben
Men sedan räcktes repet i främlingens händer.
Buck stieß ein leises, warnendes und zugleich bedrohliches Knurren aus.

Buck gav ifrån sig ett lågt morrande som varnade med stillsam hot.
Er war stolz und gebieterisch und wollte seinen Unmut zum Ausdruck bringen.
Han var stolt och befallande, och hade för avsikt att visa sitt missnöje.
Buck glaubte, seine Warnung würde als Befehl verstanden werden.
Buck trodde att hans varning skulle tolkas som en order.
Zu seinem Entsetzen zog sich das Seil schnell um seinen dicken Hals zusammen.
Till hans chock spändes repet hårt runt hans tjocka hals.
Ihm blieb die Luft weg und er begann in plötzlicher Wut zu kämpfen.
Hans luft stängdes av och han började slåss i ett plötsligt raseri.
Er sprang auf den Mann zu, der Buck schnell mitten in der Luft traf.
Han sprang mot mannen, som snabbt mötte Buck i luften.
Der Mann packte Buck am Hals und drehte ihn geschickt in der Luft.
Mannen grep tag i Bucks hals och vred skickligt upp honom i luften.
Buck wurde hart zu Boden geworfen und landete flach auf dem Rücken.
Buck kastades hårt omkull och landade platt på rygg.
Das Seil würgte ihn nun grausam, während er wild um sich trat.
Repet strypte honom nu grymt medan han sparkade vilt.
Seine Zunge fiel heraus, seine Brust hob und senkte sich, doch er bekam keine Luft.
Hans tunga föll ut, hans bröstkorg hävdes, men han fick ingen andning.
Noch nie in seinem Leben war er mit solcher Gewalt behandelt worden.
Han hade aldrig blivit behandlad med sådant våld i sitt liv.

Auch war er noch nie zuvor von solch tiefer Wut erfüllt gewesen.
Han hade inte heller varit fylld av en sådan djup ilska förut.
Doch Bucks Kraft schwand und seine Augen wurden glasig.
Men Bucks kraft bleknade, och hans ögon blev glasartade.
Er wurde ohnmächtig, als in der Nähe ein Zug angehalten wurde.
Han svimmade precis när ett tåg stannade till i närheten.
Dann warfen ihn die beiden Männer schnell in den Gepäckwagen.
Sedan kastade de två männen honom snabbt in i bagagevagnen.
Das nächste, was Buck spürte, war ein Schmerz in seiner geschwollenen Zunge.
Nästa sak Buck kände var smärta i sin svullna tunga.
Er bewegte sich in einem wackelnden Wagen und war nur schwach bei Bewusstsein.
Han rörde sig i en skakande vagn, endast svagt medvetande.
Das schrille Pfeifen eines Zuges verriet Buck seinen Standort.
Det skarpa skriket från en tågvissla avslöjade Bucks position.
Er war oft mit dem Richter mitgefahren und kannte das Gefühl.
Han hade ofta åkt med domaren och kände igen känslan.
Es war der einzigartige Schock, wieder in einem Gepäckwagen zu reisen.
Det var den unika känslan av att resa i en bagagevagn igen.
Buck öffnete die Augen und sein Blick brannte vor Wut.
Buck öppnade ögonen, och hans blick brann av ilska.
Dies war der Zorn eines stolzen Königs, der vom Thron gejagt wurde.
Detta var vreden hos en stolt kung som tagen från sin tron.
Ein Mann wollte ihn packen, doch stattdessen schlug Buck zuerst zu.
En man sträckte sig för att gripa tag i honom, men Buck slog till först istället.

Er versenkte seine Zähne in der Hand des Mannes und hielt sie fest.
Han bet tänderna i mannens hand och höll hårt.
Er ließ nicht los, bis er ein zweites Mal ohnmächtig wurde.
Han släppte inte taget förrän han tappade sinnestillståndet en andra gång.
„Ja, hat Anfälle", murmelte der Mann dem Gepäckträger zu.
"Japp, får kramper", muttrade mannen till bagagevakten.
Der Gepäckträger hatte den Kampf gehört und war näher gekommen.
Bagagebäraren hade hört bråket och kom närmare.
„Ich bringe ihn für den Chef nach Frisco", erklärte der Mann.
"Jag tar honom till 'Frisco för chefens skull", förklarade mannen.
„Dort gibt es einen tollen Hundearzt, der sagt, er könne sie heilen."
"Det finns en duktig hundläkare där som säger att han kan bota dem."
Später in der Nacht gab der Mann seinen eigenen ausführlichen Bericht ab.
Senare samma kväll gav mannen sin egen fullständiga redogörelse.
Er sprach aus einem Schuppen hinter einem Saloon am Hafen.
Han talade från ett skjul bakom en saloon vid kajen.
„Ich habe nur fünfzig Dollar bekommen", beschwerte er sich beim Wirt.
"Allt jag fick var femtio dollar", klagade han till saloonmannen.
„Ich würde es nicht noch einmal tun, nicht einmal für tausend Dollar in bar."
"Jag skulle inte göra det igen, inte ens för tusen i kontanter."
Seine rechte Hand war fest in ein blutiges Tuch gewickelt.
Hans högra hand var hårt inlindad i en blodig duk.
Sein Hosenbein war vom Knie bis zum Fuß weit aufgerissen.

Hans byxben var vidöppet från knä till fot.
„Wie viel hat der andere Trottel verdient?", fragte der Wirt.
"Hur mycket fick den andra muggen betalt?" frågade saloonkarlen.
„Hundert", antwortete der Mann, „einen Cent weniger würde er nicht nehmen."
"Hundra", svarade mannen, "han skulle inte ta ett öre mindre."
„Das macht hundertfünfzig", sagte der Kneipenmann.
"Det blir hundrafemtio", sa saloonkarlen.
„Und er ist das alles wert, sonst bin ich nicht besser als ein Dummkopf."
"Och han är värd allt, annars är jag inte bättre än en tråkig person."
Der Mann öffnete die Verpackung, um seine Hand zu untersuchen.
Mannen öppnade omslaget för att undersöka sin hand.
Die Hand war stark zerrissen und mit getrocknetem Blut verkrustet.
Handen var illa sönderriven och täckt av torkat blod.
„Wenn ich keine Tollwut bekomme ...", begann er zu sagen.
"Om jag inte får vattenfobi..." började han säga.
„Das liegt wohl daran, dass du zum Hängen geboren wurdest", ertönte ein Lachen.
"Det är för att du är född för att hänga", kom ett skratt.
„Komm und hilf mir, bevor du gehst", wurde er gebeten.
"Kom och hjälp mig innan du går", blev han ombedd.
Buck war von den Schmerzen in seiner Zunge und seinem Hals benommen.
Buck var omtöcknad av smärtan i tungan och halsen.
Er war halb erwürgt und konnte kaum noch aufrecht stehen.
Han var halvt strypt och kunde knappt stå upprätt.
Dennoch versuchte Buck, den Männern gegenüberzutreten, die ihm so viel Leid zugefügt hatten.
Ändå försökte Buck konfrontera männen som hade sårat honom så.
Aber sie warfen ihn nieder und würgten ihn erneut.

Men de kastade ner honom och strypte honom återigen.
Erst dann konnten sie sein schweres Messinghalsband absägen.
Först då kunde de såga av hans tunga mässingskrage.
Sie entfernten das Seil und stießen ihn in eine Kiste.
De tog bort repet och knuffade ner honom i en låda.
Die Kiste war klein und hatte die Form eines groben Eisenkäfigs.
Lådan var liten och formad som en grov järnbur.
Buck lag die ganze Nacht dort, voller Zorn und verletztem Stolz.
Buck låg där hela natten, fylld av vrede och sårad stolthet.
Er konnte nicht einmal ansatzweise verstehen, was mit ihm geschah.
Han kunde inte börja förstå vad som hände med honom.
Warum hielten ihn diese fremden Männer in dieser kleinen Kiste fest?
Varför höll dessa konstiga män honom i den här lilla lådan?
Was wollten sie von ihm und warum diese grausame Gefangenschaft?
Vad ville de med honom, och varför denna grymma fångenskap?
Er spürte einen dunklen Druck, das Gefühl, dass das Unglück näher rückte.
Han kände ett mörkt tryck; en känsla av att katastrofen närmade sig.
Es war eine vage Angst, die ihn jedoch schwer belastete.
Det var en vag rädsla, men den satte sig tungt i hans själ.
Mehrmals sprang er auf, als die Schuppentür klapperte.
Flera gånger hoppade han upp när skjuldörren skallrade.
Er erwartete, dass der Richter oder die Jungen erscheinen und ihn retten würden.
Han förväntade sig att domaren eller pojkarna skulle dyka upp och rädda honom.
Doch jedes Mal lugte nur das dicke Gesicht des Wirts hinein.
Men bara saloonvärdens feta ansikte kikade in varje gång.

Das Gesicht des Mannes wurde vom schwachen Schein einer Talgkerze erhellt.
Mannens ansikte upplystes av det svaga skenet från ett talgljus.
Jedes Mal verwandelte sich Bucks freudiges Bellen in ein leises, wütendes Knurren.
Varje gång förändrades Bucks glada skall till ett lågt, ilsket morrande.

Der Wirt ließ ihn für die Nacht allein in der Kiste zurück
Saloonvärden lämnade honom ensam i buren över natten
Aber als er am Morgen aufwachte, kamen noch mehr Männer.
Men när han vaknade på morgonen kom fler män.
Vier Männer kamen und hoben die Kiste vorsichtig und wortlos auf.
Fyra män kom och plockade försiktigt upp lådan utan ett ord.
Buck wusste sofort, in welcher Situation er sich befand.
Buck förstod genast vilken situation han befann sig i.
Sie waren weitere Peiniger, die er bekämpfen und fürchten musste.
De var ytterligare plågoandar som han var tvungen att bekämpa och frukta.
Diese Männer sahen böse, zerlumpt und sehr ungepflegt aus.
Dessa män såg onda, slitna och mycket illa preparerade ut.
Buck knurrte und stürzte sich wild durch die Gitterstäbe auf sie.
Buck morrade och kastade sig våldsamt mot dem genom gallren.
Sie lachten nur und stießen mit langen Holzstöcken nach ihm.
De bara skrattade och stack efter honom med långa träkäppar.
Buck biss in die Stöcke, dann wurde ihm klar, dass es das war, was ihnen gefiel.
Buck bet i pinnarna, men insåg sedan att det var vad de gillade.

Also legte er sich ruhig hin, mürrisch und vor stiller Wut brennend.
Så lade han sig ner tyst, mutt och brinnande av stilla raseri.
Sie hoben die Kiste auf einen Wagen und fuhren mit ihm weg.
De lyfte upp lådan i en vagn och körde iväg med honom.
Die Kiste mit Buck darin wechselte oft den Besitzer.
Lådan, med Buck inlåst inuti, bytte ofta ägare.
Express-Büroangestellte übernahmen die Leitung und kümmerten sich kurz um ihn.
Expresskontorets tjänstemän tog över och hanterade honom kort.
Dann transportierte ein anderer Wagen Buck durch die laute Stadt.
Sedan bar en annan vagn Buck tvärs över den bullriga staden.
Ein Lastwagen brachte ihn mit Kisten und Paketen auf eine Fähre.
En lastbil tog honom med lådor och paket till en färja.
Nach der Überquerung lud ihn der Lastwagen an einem Bahndepot ab.
Efter att ha korsat lossade lastbilen honom vid en järnvägsdepå.
Schließlich wurde Buck in einen wartenden Expresswagen gesetzt.
Till slut placerades Buck i en väntande expressvagn.
Zwei Tage und Nächte lang zogen Züge den Schnellzug ab.
I två dagar och nätter drog tågen bort expressvagnen.
Buck hat während der gesamten schmerzhaften Reise weder gegessen noch getrunken.
Buck varken åt eller drack under hela den smärtsamma resan.
Als die Expressboten versuchten, sich ihm zu nähern, knurrte er.
När expressbuden försökte närma sig honom morrade han.
Sie reagierten, indem sie ihn verspotteten und grausam hänselten.
De svarade med att håna honom och reta honom grymt.

Buck warf sich schäumend und zitternd gegen die Gitterstäbe
Buck kastade sig mot gallren, skummande och skakande
Sie lachten laut und verspotteten ihn wie Schulhofschläger.
De skrattade högt och hånade honom som skolgårdsmobbare.
Sie bellten wie falsche Hunde und wedelten mit den Armen.
De skällde som låtsashundar och flaxade med armarna.
Sie krähten sogar wie Hähne, nur um ihn noch mehr aufzuregen.
De gol till och med som tuppar bara för att göra honom ännu mer upprörd.
Es war dummes Verhalten und Buck wusste, dass es lächerlich war.
Det var dumt beteende, och Buck visste att det var löjligt.
Doch das verstärkte seine Empörung und Scham nur noch.
Men det fördjupade bara hans känsla av upprördhet och skam.
Der Hunger plagte ihn während der Reise kaum.
Han var inte särskilt hungerbesvärad under resan.
Doch der Durst brachte starke Schmerzen und unerträgliches Leiden mit sich.
Men törsten medförde skarp smärta och outhärdligt lidande.
Sein trockener, entzündeter Hals und seine Zunge brannten vor Hitze.
Hans torra, inflammerade hals och tunga brände av hetta.
Dieser Schmerz schürte das Fieber, das in seinem stolzen Körper aufstieg.
Denna smärta gav näring åt febern som steg i hans stolta kropp.
Buck war während dieses Prozesses für eine einzige Sache dankbar.
Buck var tacksam för en enda sak under den här rättegången.
Das Seil um seinen dicken Hals war entfernt worden.
Repet hade tagits bort runt hans tjocka hals.
Das Seil hatte diesen Männern einen unfairen und grausamen Vorteil verschafft.
Repet hade gett dessa män en orättvis och grym fördel.

Jetzt war das Seil weg und Buck schwor, dass es nie wieder zurückkommen würde.
Nu var repet borta, och Buck svor att det aldrig skulle återvända.
Er beschloss, sich nie wieder ein Seil um den Hals legen zu lassen.
Han bestämde sig för att inget rep någonsin skulle gå runt hans hals igen.
Zwei lange Tage und Nächte litt er ohne Essen.
I två långa dagar och nätter led han utan mat.
Und in diesen Stunden baute sich in ihm eine enorme Wut auf.
Och under de timmarna byggde han upp en enorm ilska inom sig.
Seine Augen wurden vor ständiger Wut blutunterlaufen und wild.
Hans ögon blev blodsprängda och vilda av ständig ilska.
Er war nicht mehr Buck, sondern ein Dämon mit schnappenden Kiefern.
Han var inte längre Buck, utan en demon med smällande käkar.
Nicht einmal der Richter hätte dieses verrückte Wesen erkannt.
Inte ens domaren skulle ha känt igen denna galna varelse.
Die Expressboten atmeten erleichtert auf, als sie Seattle erreichten
Expressbuden suckade av lättnad när de nådde Seattle
Vier Männer hoben die Kiste hoch und brachten sie in einen Hinterhof.
Fyra män lyfte lådan och bar den till en bakgård.
Der Hof war klein und von hohen, massiven Mauern umgeben.
Gården var liten, omgiven av höga och solida murar.
Ein großer Mann in einem ausgeleierten roten Pullover kam heraus.
En stor man klev ut i en hängande röd tröja.

Mit dicker, kühner Handschrift unterschrieb er das Lieferbuch.
Han signerade leveransboken med tjock och djärv handstil.
Buck spürte sofort, dass dieser Mann sein nächster Peiniger war.
Buck anade genast att den här mannen var hans nästa plågoande.
Er stürzte sich heftig auf die Gitterstäbe, die Augen rot vor Wut.
Han kastade sig våldsamt mot gallren, ögonen röda av ilska.
Der Mann lächelte nur finster und holte ein Beil.
Mannen log bara dystert och gick för att hämta en yxa.
Er brachte auch eine Keule in seiner dicken und starken rechten Hand mit.
Han hade också med sig en klubba i sin tjocka och starka högra hand.
„Wollen Sie ihn jetzt rausholen?", fragte der Fahrer besorgt.
"Ska du köra ut honom nu?" frågade föraren oroligt.
„Sicher", sagte der Mann und rammte das Beil als Hebel in die Kiste.
"Visst", sa mannen och tryckte in yxan i lådan som en hävstång.
Die vier Männer stoben sofort auseinander und sprangen auf die Hofmauer.
De fyra männen skingrades genast och hoppade upp på gårdsmuren.
Von ihren sicheren Plätzen oben warteten sie, um das Spektakel zu beobachten.
Från sina trygga platser ovanför väntade de på att bevittna spektaklet.
Buck stürzte sich auf das zersplitterte Holz, biss und zitterte heftig.
Buck kastade sig mot det splittrade träet, bet och skakade häftigt.
Jedes Mal, wenn die Axt den Käfig traf, war Buck da, um ihn anzugreifen.

Varje gång yxan träffade buren) var Buck där för att attackera den.
Er knurrte und schnappte vor wilder Wut und wollte unbedingt freigelassen werden.
Han morrade och fräste av vild ilska, ivrig att bli fri.
Der Mann draußen war ruhig und gelassen und konzentrierte sich auf seine Aufgabe.
Mannen utanför var lugn och stadig, fokuserad på sin uppgift.
„Also gut, du rotäugiger Teufel", sagte er, als das Loch groß war.
"Ja då, din rödögda djävul", sa han när hålet var stort.
Er ließ das Beil fallen und nahm die Keule in die rechte Hand.
Han släppte yxan och tog klubban i sin högra hand.
Buck sah wirklich aus wie ein Teufel; seine Augen blutunterlaufen und lodernd.
Buck såg verkligen ut som en djävul; ögonen blodsprängda och flammande.
Sein Fell sträubte sich, Schaum stand ihm vor dem Mund, seine Augen funkelten.
Hans päls borstade, skum skummade vid munnen och ögonen glittrade.
Er spannte seine Muskeln an und sprang direkt auf den roten Pullover zu.
Han spände musklerna och hoppade rakt på den röda tröjan.
Hundertvierzig Pfund Wut prasselten auf den ruhigen Mann zu.
Ett hundrafyrtio pund raseri flög mot den lugne mannen.
Kurz bevor er die Zähne zusammenbiss, traf ihn ein schrecklicher Schlag.
Precis innan hans käkar spändes igen drabbades han av ett fruktansvärt slag.
Seine Zähne schnappten zusammen, nur Luft war im Spiel.
Hans tänder knäppte ihop på ingenting annat än luft
ein Schmerz durchfuhr seinen Körper
en smärtstöt sköljde genom hans kropp

Er machte einen Überschlag in der Luft und stürzte auf dem Rücken und der Seite zu Boden.
Han voltade mitt i luften och föll ner på rygg och sida.
Er hatte noch nie zuvor einen Knüppelschlag gespürt und konnte ihn nicht begreifen.
Han hade aldrig förut känt ett klubbslag och kunde inte fatta det.
Mit einem kreischenden Knurren, das teils Bellen, teils Schreien war, sprang er erneut.
Med ett skrikande morrande, delvis skall, delvis skrik, hoppade han upp igen.
Ein weiterer brutaler Schlag traf ihn und schleuderte ihn zu Boden.
Ännu ett brutalt slag träffade honom och kastade honom till marken.
Diesmal verstand Buck – es war die schwere Keule des Mannes.
Den här gången förstod Buck – det var mannens tunga klubba.
Doch die Wut machte ihn blind, und an einen Rückzug dachte er nicht.
Men raseriet förblindade honom, och han tänkte inte på reträtt.
Zwölfmal stürzte er sich in die Luft, und zwölfmal fiel er.
Tolv gånger kastade han sig, och tolv gånger föll han.
Der Holzknüppel traf ihn jedes Mal mit unbarmherziger, vernichtender Kraft.
Träklubban krossade honom varje gång med hänsynslös, krossande kraft.
Nach einem heftigen Schlag kam er benommen und langsam wieder auf die Beine.
Efter ett hårt slag stapplade han upp, omtöcknad och långsam.
Blut lief aus seinem Mund, seiner Nase und sogar seinen Ohren.
Blod rann från hans mun, näsa och till och med öron.
Sein einst so schönes Fell war mit blutigem Schaum verschmiert.

Hans en gång så vackra kappa var nedsmetad med blodigt skum.
Dann trat der Mann vor und versetzte ihm einen heftigen Schlag auf die Nase.
Sedan klev mannen fram och slog honom rejält mot näsan.
Die Qualen waren schlimmer als alles, was Buck je gespürt hatte.
Smärtan var skarpare än något Buck någonsin hade känt.
Mit einem Brüllen, das eher an ein Tier als an einen Hund erinnerte, sprang er erneut zum Angriff.
Med ett vrål, mer odjur än hund, sprang han återigen till attack.
Doch der Mann packte seinen Unterkiefer und drehte ihn nach hinten.
Men mannen grep tag i hans underkäke och vred den bakåt.
Buck überschlug sich kopfüber und stürzte erneut hart auf den Boden.
Buck vände huvudstupa och föll hårt omkull igen.
Ein letztes Mal stürmte Buck auf ihn zu, jetzt konnte er kaum noch stehen.
En sista gång stormade Buck honom, nu knappt i stånd att stå upp.
Der Mann schlug mit perfektem Timing zu und versetzte den letzten Schlag.
Mannen slog till med skicklig tajming och utdelade det sista slaget.
Buck brach bewusstlos und regungslos zusammen.
Buck kollapsade i en hög, medvetslös och orörlig.
„Er ist kein Stümper im Hundezähmen, das sage ich", rief ein Mann.
"Han är inte slöfock på att knäcka hundar, det är vad jag säger", skrek en man.
„Druther kann den Willen eines Hundes an jedem Tag der Woche brechen."
"Druther kan krossa en hunds vilja vilken dag som helst i veckan."
„Und zweimal an einem Sonntag!", fügte der Fahrer hinzu.

"Och två gånger på en söndag!" tillade föraren.
Er stieg in den Wagen und ließ die Zügel knacken, um loszufahren.
Han klättrade in i vagnen och knäckte tyglarna för att ge sig av.
Buck erlangte langsam die Kontrolle über sein Bewusstsein zurück
Buck återfick långsamt kontrollen över sitt medvetande
aber sein Körper war noch zu schwach und gebrochen, um sich zu bewegen.
men hans kropp var fortfarande för svag och bruten för att röra sig.
Er blieb liegen, wo er hingefallen war, und beobachtete den Mann im roten Pullover.
Han låg där han hade fallit och tittade på den rödtröjade mannen.
„Er hört auf den Namen Buck", sagte der Mann und las laut vor.
"Han svarar på namnet Buck", sa mannen och läste högt.
Er zitierte aus der Notiz und den Einzelheiten, die mit Bucks Kiste geschickt wurden.
Han citerade från meddelandet som skickades med Bucks låda och detaljer.
„Also, Buck, mein Junge", fuhr der Mann freundlich fort,
"Nåväl, Buck, min pojke", fortsatte mannen med vänlig ton,
„Wir hatten unseren kleinen Streit, und jetzt ist es zwischen uns vorbei."
"Vi har haft vårt lilla gräl, och nu är det över mellan oss."
„Sie haben Ihren Platz kennengelernt und ich habe meinen kennengelernt", fügte er hinzu.
"Du har lärt dig din plats, och jag har lärt mig min", tillade han.
„Sei brav, dann wird alles gut und das Leben wird angenehm sein."
"Var snäll, så går allt bra, och livet blir behagligt."
„Aber wenn du böse bist, schlage ich dir die Seele aus dem Leib, verstanden?"

"Men var du elak, så slår jag stoppningen ur dig, förstår du?"
Während er sprach, streckte er die Hand aus und tätschelte Bucks schmerzenden Kopf.
Medan han talade sträckte han ut handen och klappade Bucks ömma huvud.
Bucks Haare stellten sich bei der Berührung des Mannes auf, aber er wehrte sich nicht.
Bucks hår reste sig vid mannens beröring, men han gjorde inget motstånd.
Der Mann brachte ihm Wasser, das Buck in großen Schlucken trank.
Mannen bar honom vatten, som Buck drack i stora klunkar.
Dann kam rohes Fleisch, das Buck Stück für Stück verschlang.
Sedan kom rått kött, som Buck slukade bit för bit.
Er wusste, dass er geschlagen war, aber er wusste auch, dass er nicht gebrochen war.
Han visste att han var slagen, men han visste också att han inte var knäckt.
Gegen einen mit einer Keule bewaffneten Mann hatte er keine Chance.
Han hade ingen chans mot en man beväpnad med en klubba.
Er hatte die Wahrheit erfahren und diese Lektion nie vergessen.
Han hade lärt sig sanningen, och han glömde aldrig den läxan.
Diese Waffe war der Beginn des Gesetzes in Bucks neuer Welt.
Det vapnet var början på lagen i Bucks nya värld.
Es war der Beginn einer harten, primitiven Ordnung, die er nicht leugnen konnte.
Det var början på en hård, primitiv ordning som han inte kunde förneka.
Er akzeptierte die Wahrheit; seine wilden Instinkte waren nun erwacht.
Han accepterade sanningen; hans vilda instinkter var nu vakna.

Die Welt war härter geworden, aber Buck stellte sich ihr tapfer.
Världen hade blivit hårdare, men Buck mötte den tappert.
Er begegnete dem Leben mit neuer Vorsicht, List und stiller Stärke.
Han mötte livet med ny försiktighet, slughet och stilla styrka.
Weitere Hunde kamen an, an Seilen oder in Kisten festgebunden, so wie Buck.
Fler hundar anlände, bundna i rep eller burar precis som Buck hade varit.
Einige Hunde kamen ruhig, andere tobten und kämpften wie wilde Tiere.
Några hundar kom lugnt, andra rasade och slogs som vilda djur.
Sie alle wurden der Herrschaft des Mannes im roten Pullover unterworfen.
Alla av dem fördes under den rödtröjade mannens styre.
Jedes Mal sah Buck zu und sah, wie sich ihm die gleiche Lektion erschloss.
Varje gång tittade Buck på och såg samma lärdom utvecklas.
Der Mann mit der Keule war das Gesetz, ein Herr, dem man gehorchen musste.
Mannen med klubban var lagen; en mästare att lyda.
Er musste nicht gemocht werden, aber man musste ihm gehorchen.
Han behövde inte bli omtyckt, men han var tvungen att bli åtlydd.
Buck schmeichelte oder wedelte nie mit dem Schwanz, wie es die schwächeren Hunde taten.
Buck fjäskade eller viftade aldrig som de svagare hundarna gjorde.
Er sah Hunde, die geschlagen wurden und trotzdem die Hand des Mannes leckten.
Han såg hundar som var slagna och ändå slickade mannens hand.
Er sah einen Hund, der überhaupt nicht gehorchte oder sich unterwarf.

Han såg en hund som varken lydde eller underkastade sig något alls.
Dieser Hund kämpfte, bis er im Kampf um die Kontrolle getötet wurde.
Den hunden kämpade tills han dödades i kampen om kontrollen.
Manchmal kamen Fremde, um den Mann im roten Pullover zu sehen.
Främlingar kom ibland för att se den rödtröjade mannen.
Sie sprachen in seltsamem Ton, flehten, feilschten und lachten.
De talade i underlig ton, vädjade, prutade och skrattade.
Als das Geld ausgetauscht wurde, gingen sie mit einem oder mehreren Hunden.
När pengar växlades gav de sig av med en eller flera hundar.
Buck fragte sich, wohin diese Hunde gingen, denn keiner kam jemals zurück.
Buck undrade vart dessa hundar tog vägen, för ingen återvände någonsin.
Angst vor dem Unbekannten erfüllte Buck jedes Mal, wenn ein fremder Mann kam
Rädsla för det okända fyllde Buck varje gång en främmande man kom
Er war jedes Mal froh, wenn ein anderer Hund mitgenommen wurde und nicht er selbst.
Han var glad varje gång en annan hund blev tagen, snarare än han själv.
Doch schließlich kam Buck an die Reihe, als ein fremder Mann eintraf.
Men slutligen kom Bucks tur med ankomsten av en främmande man.
Er war klein, drahtig und sprach gebrochenes Englisch und fluchte.
Han var liten, senig och talade bruten engelska och svordomar.
„Heilig!", schrie er, als er Bucks Gestalt erblickte.
"Sacredam!" ropade han när han fick syn på Bucks kropp.

„Das ist aber ein verdammter Rüpel! Wie viel?", fragte er laut.
"Det där är en förbannad bushund! Va? Hur mycket?" frågade han högt.
„Dreihundert, und für diesen Preis ist er ein Geschenk."
"Trehundra, och han är en present för det priset,"
„Da es sich um staatliche Gelder handelt, sollten Sie sich nicht beschweren, Perrault."
"Eftersom det är statliga pengar borde du inte klaga, Perrault."
Perrault grinste über den Deal, den er gerade mit dem Mann gemacht hatte.
Perrault flinade åt den överenskommelse han just hade ingått med mannen.
Aufgrund der plötzlichen Nachfrage waren die Preise für Hunde in die Höhe geschossen.
Priset på hundar hade skjutit i höjden på grund av den plötsliga efterfrågan.
Dreihundert Dollar waren für so ein tolles Tier nicht unfair.
Trehundra dollar var inte orättvist för ett så fint djur.
Die kanadische Regierung würde bei dem Abkommen nichts verlieren
Den kanadensiska regeringen skulle inte förlora något på avtalet
Auch ihre offiziellen Depeschen würden während des Transports nicht verzögert.
Inte heller skulle deras officiella försändelser försenas under transporten.
Perrault kannte sich gut mit Hunden aus und erkannte, dass Buck etwas Seltenes war.
Perrault kände hundar väl och kunde se att Buck var något ovanligt.
„Einer von zehntausend", dachte er, als er Bucks Körperbau betrachtete.
"En på tio tiotusen", tänkte han, medan han studerade Bucks kroppsbyggnad.

Buck sah, wie das Geld den Besitzer wechselte, zeigte sich jedoch nicht überrascht.
Buck såg pengarna byta ägare, men visade ingen förvåning.
Bald wurden er und Curly, ein sanfter Neufundländer, weggeführt.
Snart fördes han och Lockig, en vänlig newfoundländsk hund, bort.
Sie folgten dem kleinen Mann aus dem Hof des roten Pullovers.
De följde den lille mannen från den röda tröjans gård.
Das war das letzte Mal, dass Buck den Mann mit der Holzkeule sah.
Det var det sista Buck någonsin såg av mannen med träklubban.
Vom Deck der Narwhal aus beobachtete er, wie Seattle in der Ferne verschwand.
Från Narwhals däck såg han Seattle försvinna i fjärran.
Es war auch das letzte Mal, dass er das warme Südland sah.
Det var också sista gången han någonsin såg det varma Söderlandet.
Perrault brachte sie unter Deck und ließ sie bei François zurück.
Perrault tog dem ner under däck och lämnade dem hos François.
François war ein Riese mit schwarzem Gesicht und rauen, schwieligen Händen.
François var en svartansiktad jätte med grova, förhårdnade händer.
Er war dunkelhäutig und hatte eine dunkle Hautfarbe, ein französisch-kanadischer Mischling.
Han var mörk och blöt; en halvblod fransk-kanadensare.
Für Buck waren diese Männer von einer Art, die er noch nie zuvor gesehen hatte.
För Buck var dessa män av ett slag han aldrig hade sett förut.
Er würde in den kommenden Tagen viele solcher Männer kennenlernen.

Han skulle lära känna många sådana män i de kommande dagarna.

Er konnte sie zwar nicht lieb gewinnen, aber er begann, sie zu respektieren.

Han blev inte förtjust i dem, men han lärde sig att respektera dem.

Sie waren fair und weise und ließen sich von keinem Hund so leicht täuschen.

De var rättvisa och kloka, och inte lättlurade av någon hund.

Sie beurteilten Hunde ruhig und bestraften sie nur, wenn es angebracht war.

De dömde hundar lugnt och straffade bara när de var förtjänta.

Im Unterdeck der Narwhal trafen Buck und Curly zwei Hunde.

På Narwhals nedre däck mötte Buck och Lockig två hundar.

Einer war ein großer weißer Hund aus dem fernen, eisigen Spitzbergen.

En var en stor vit hund från avlägsna, isiga Spetsbergen.

Er war einmal mit einem Walfänger gesegelt und hatte sich einer Erkundungsgruppe angeschlossen.

Han hade en gång seglat med en valfångare och gått med i en undersökningsgrupp.

Er war auf eine schlaue, hinterhältige und listige Art freundlich.

Han var vänlig på ett slugt, lömskt och slugt sätt.

Bei ihrer ersten Mahlzeit stahl er ein Stück Fleisch aus Bucks Pfanne.

Vid deras första måltid stal han en bit kött från Bucks panna.

Buck sprang, um ihn zu bestrafen, aber François' Peitsche schlug zuerst zu.

Buck hoppade till för att straffa honom, men François piska träffade först.

Der weiße Dieb schrie auf und Buck holte sich den gestohlenen Knochen zurück.

Den vita tjuven skrek till, och Buck återtog det stulna benet.

Diese Fairness beeindruckte Buck und François verdiente sich seinen Respekt.
Den rättvisan imponerade på Buck, och François förtjänade hans respekt.
Der andere Hund grüßte nicht und wollte auch nichts zurück.
Den andra hunden gav ingen hälsning och ville inte ha någon tillbaka.
Er stahl weder Essen noch beschnüffelte er die Neuankömmlinge interessiert.
Han stal inte mat, och han nosade inte intresserat på de nyanlända.
Dieser Hund war grimmig und ruhig, düster und bewegte sich langsam.
Den här hunden var dyster och tyst, dyster och långsam i rörelse.
Er warnte Curly, sich fernzuhalten, indem er sie einfach anstarrte.
Han varnade Lockig att hålla sig borta genom att helt enkelt stirra på henne.
Seine Botschaft war klar: Lass mich in Ruhe, sonst gibt es Ärger.
Hans budskap var tydligt; lämna mig ifred annars blir det problem.
Er hieß Dave und nahm seine Umgebung kaum wahr.
Han kallades Dave, och han lade knappt märke till sin omgivning.
Er schlief oft, aß ruhig und gähnte ab und zu.
Han sov ofta, åt tyst och gäspade då och då.

Das Schiff summte ständig, während unten der Propeller schlug.
Fartyget surrade konstant med den dunkande propellern nedanför.
Die Tage vergingen, ohne dass sich viel änderte, aber das Wetter wurde kälter.

Dagarna gick utan några förändringar, men vädret blev kallare.
Buck spürte es in seinen Knochen und bemerkte, dass es den anderen genauso ging.
Buck kunde känna det i sina ben, och märkte att de andra gjorde det också.
Dann blieb eines Morgens der Propeller stehen und alles war still.
Så en morgon stannade propellern och allt var stilla.
Eine Energie durchströmte das Schiff; etwas hatte sich verändert.
En energi svepte genom skeppet; något hade förändrats.
François kam herunter, legte ihnen die Leinen an und brachte sie hoch.
François kom ner, satte fast dem i koppel och förde upp dem.
Buck stieg aus und fand den Boden weich, weiß und kalt.
Buck steg ut och fann marken mjuk, vit och kall.
Er sprang erschrocken zurück und schnaubte völlig verwirrt.
Han hoppade bakåt i panik och fnös i total förvirring.
Seltsames weißes Zeug fiel vom grauen Himmel.
Konstiga vita saker föll från den grå himlen.
Er schüttelte sich, aber die weißen Flocken landeten immer wieder auf ihm.
Han skakade på sig, men de vita flingorna fortsatte att landa på honom.
Er roch vorsichtig an dem weißen Zeug und leckte an ein paar eisigen Stückchen.
Han sniffade försiktigt på det vita och slickade på några isiga bitar.
Das Pulver brannte wie Feuer und verschwand dann einfach von seiner Zunge.
Pulvret brann som eld och försvann sedan rakt från hans tunga.
Buck versuchte es noch einmal und war verwirrt über die seltsame, verschwindende Kälte.
Buck försökte igen, förbryllad över den sällsamma, försvinnande kylan.

Die Männer um ihn herum lachten und Buck war verlegen.
Männen runt omkring honom skrattade, och Buck kände sig generad.
Er wusste nicht warum, aber er schämte sich für seine Reaktion.
Han visste inte varför, men han skämdes över sin reaktion.
Es war seine erste Erfahrung mit Schnee und es verwirrte ihn.
Det var hans första erfarenhet av snö, och det förvirrade honom.

Das Gesetz von Keule und Fang
Klubbens och huggtändernas lag

Bucks erster Tag am Strand von Dyea fühlte sich wie ein schrecklicher Albtraum an.
Bucks första dag på Dyea-stranden kändes som en fruktansvärd mardröm.
Jede Stunde brachte neue Schocks und unerwartete Veränderungen für Buck.
Varje timme förde med sig nya chocker och oväntade förändringar för Buck.
Er war aus der Zivilisation gerissen und ins wilde Chaos gestürzt worden.
Han hade ryckts ut ur civilisationen och kastats in i vilt kaos.
Dies war kein sonniges, faules Leben mit Langeweile und Ruhe.
Detta var inget soligt, latat liv med tristess och vila.
Es gab keinen Frieden, keine Ruhe und keinen Moment ohne Gefahr.
Det fanns ingen fred, ingen vila och inget ögonblick utan fara.
Überall herrschte Verwirrung und die Gefahr war immer in der Nähe.
Förvirring styrde allt, och faran var alltid nära.
Buck musste wachsam bleiben, denn diese Männer und Hunde waren anders.
Buck var tvungen att vara vaksam eftersom dessa män och hundar var olika.
Sie kamen nicht aus der Stadt, sie waren wild und gnadenlos.
De var inte från städer; de var vilda och utan barmhärtighet.
Diese Männer und Hunde kannten nur das Gesetz der Keule und der Reißzähne.
Dessa män och hundar kände bara till lagen om klubba och huggtänder.
Buck hatte noch nie Hunde so kämpfen sehen wie diese wilden Huskys.
Buck hade aldrig sett hundar slåss som dessa vilda huskydjur.

Seine erste Erfahrung lehrte ihn eine Lektion, die er nie vergessen würde.
Hans första erfarenhet lärde honom en läxa han aldrig skulle glömma.
Er hatte Glück, dass er es nicht war, sonst wäre auch er gestorben.
Han hade tur att det inte var han, annars hade han också dött.
Curly war derjenige, der litt, während Buck zusah und lernte.
Det var Lockig som led medan Buck tittade på och lärde sig.
Sie hatten ihr Lager in der Nähe eines aus Baumstämmen gebauten Ladens aufgeschlagen.
De hade slagit läger nära ett lager byggt av timmer.
Curly versuchte, einem großen, wolfsähnlichen Husky gegenüber freundlich zu sein.
Lockig försökte vara vänlig mot en stor, varglikannde husky.
Der Husky war kleiner als Curly, sah aber wild und böse aus.
Huskyn var mindre än Lockig, men såg vild och elak ut.
Ohne Vorwarnung sprang er auf und schlug ihr ins Gesicht.
Utan förvarning hoppade han till och skar upp hennes ansikte.
Seine Zähne schnitten in einer Bewegung von ihrem Auge bis zu ihrem Kiefer.
Hans tänder skar från hennes öga ner till hennes käke i ett enda drag.
So kämpften Wölfe: Sie schlugen schnell zu und sprangen weg.
Så här slogs vargar – de slog snabbt och hoppade iväg.
Aber es gab mehr zu lernen als nur diesen einen Angriff.
Men det fanns mer att lära sig än av den enda attacken.
Dutzende Huskys stürmten herein und bildeten einen stillen Kreis.
Dussintals huskyar rusade in och bildade en tyst cirkel.
Sie schauten aufmerksam zu und leckten sich hungrig die Lippen.
De tittade noga och slickade sig om läpparna av hunger.

Buck verstand weder ihr Schweigen noch ihre begierigen Blicke.
Buck förstod inte deras tystnad eller deras ivriga blickar.
Curly stürzte sich ein zweites Mal auf den Husky, um ihn anzugreifen.
Lockig rusade för att attackera huskyn en andra gång.
Mit einer kräftigen Bewegung seiner Brust warf er sie um.
Han använde bröstet för att välta henne med en kraftfull rörelse.
Sie fiel auf die Seite und konnte nicht wieder aufstehen.
Hon föll på sidan och kunde inte resa sig upp igen.
Darauf hatten die anderen die ganze Zeit gewartet.
Det var det som de andra hade väntat på hela tiden.
Die Huskies sprangen sie an und jaulten und knurrten wie wild.
Huskiesna hoppade på henne, skrikande och morrande i ett vansinnigt tempo.
Sie schrie, als sie unter einem Haufen Hunde begruben.
Hon skrek när de begravde henne under en hög med hundar.
Der Angriff erfolgte so schnell, dass Buck vor Schreck erstarrte.
Attacken var så snabb att Buck frös till av chock.
Er sah, wie Spitz die Zunge herausstreckte, als würde er lachen.
Han såg Spitz sträcka ut tungan på ett sätt som såg ut som ett skratt.
François schnappte sich eine Axt und rannte direkt in die Hundegruppe hinein.
François grep en yxa och sprang rakt in i hundflocket.
Drei weitere Männer halfen mit Knüppeln, die Huskies zu vertreiben.
Tre andra män använde klubbor för att hjälpa till att jaga bort huskiesna.
In nur zwei Minuten war der Kampf vorbei und die Hunde waren verschwunden.
På bara två minuter var slagsmålet över och hundarna var borta.

Curly lag tot im roten, zertrampelten Schnee, ihr Körper war zerfetzt.
Lockig låg död i den röda, nedtrampade snön, hennes kropp sönderriven.
Ein dunkelhäutiger Mann stand über ihr und verfluchte die brutale Szene.
En mörkhyad man stod över henne och förbannade den brutala scenen.
Die Erinnerung blieb bei Buck und verfolgte ihn nachts in seinen Träumen.
Minnet stannade kvar hos Buck och hemsökte hans drömmar om nätterna.
So war es hier: keine Fairness, keine zweite Chance.
Det var så här; ingen rättvisa, ingen andra chans.
Sobald ein Hund fiel, töteten die anderen ihn gnadenlos.
När en hund föll, dödade de andra utan nåd.
Buck beschloss damals, dass er niemals zulassen würde, dass er fällt.
Buck bestämde sig då för att han aldrig skulle låta sig själv falla.
Spitz streckte erneut die Zunge heraus und lachte über das Blut.
Spitz sträckte ut tungan igen och skrattade åt blodet.
Von diesem Moment an hasste Buck Spitz aus vollem Herzen.
Från det ögonblicket hatade Buck Spitz av hela sitt hjärta.

Bevor Buck sich von Curlys Tod erholen konnte, passierte etwas Neues.
Innan Buck hann återhämta sig från Lockigs död hände något nytt.
François kam herüber und schnallte etwas um Bucks Körper.
François kom fram och spände fast något runt Bucks kropp.
Es war ein Geschirr wie das, das auf der Ranch für Pferde verwendet wurde.
Det var en sele lik den som används på hästar på ranchen.

Buck hatte gesehen, wie Pferde arbeiteten, und nun musste auch er arbeiten.
Precis som Buck hade sett hästar arbeta, var han nu tvungen att också arbeta.
Er musste François auf einem Schlitten in den nahegelegenen Wald ziehen.
Han var tvungen att dra François på en släde in i skogen i närheten.
Anschließend musste er eine Ladung schweres Brennholz zurückziehen.
Sedan var han tvungen att dra tillbaka ett lass tungt ved.
Buck war stolz und deshalb tat es ihm weh, wie ein Arbeitstier behandelt zu werden.
Buck var stolt, så det gjorde ont att bli behandlad som ett arbetsdjur.
Aber er war klug und versuchte nicht, gegen die neue Situation anzukämpfen.
Men han var klok och försökte inte kämpa mot den nya situationen.
Er akzeptierte sein neues Leben und gab bei jeder Aufgabe sein Bestes.
Han accepterade sitt nya liv och gav sitt bästa i varje uppgift.
Alles an der Arbeit war ihm fremd und ungewohnt.
Allt med arbetet var främmande och okänt för honom.
François war streng und verlangte unverzüglichen Gehorsam.
François var sträng och krävde lydnad utan dröjsmål.
Seine Peitsche sorgte dafür, dass jeder Befehl sofort befolgt wurde.
Hans piska såg till att varje kommando följdes genast.
Dave war der Schlittenführer, der Hund, der dem Schlitten hinter Buck am nächsten war.
Dave var rullande hund, hunden närmast släden bakom Buck.
Dave biss Buck in die Hinterbeine, wenn er einen Fehler machte.
Dave bet Buck i bakbenen om han gjorde ett misstag.

Spitz war der Leithund und in dieser Rolle geschickt und erfahren.
Spitz var ledarhunden, skicklig och erfaren i rollen.
Spitz konnte Buck nicht leicht erreichen, korrigierte ihn aber trotzdem.
Spitz kunde inte lätt nå Buck, men rättade honom ändå.
Er knurrte barsch oder zog den Schlitten auf eine Art, die Buck etwas beibrachte.
Han morrade hårt eller drog släden på sätt som lärde Buck.
Durch dieses Training lernte Buck schneller, als alle erwartet hatten.
Under den här träningen lärde sig Buck snabbare än någon av dem förväntade sig.
Er hat hart gearbeitet und sowohl von François als auch von den anderen Hunden gelernt.
Han arbetade hårt och lärde sig av både François och de andra hundarna.
Als sie zurückkamen, kannte Buck die wichtigsten Befehle bereits.
När de återvände kunde Buck redan nyckelkommandona.
Von François hat er gelernt, beim Laut „ho" anzuhalten.
Han lärde sig att stanna vid ljudet av "ho" från François.
Er lernte, wann er den Schlitten ziehen und rennen musste.
Han lärde sig när han var tvungen att dra släden och springa.
Er lernte, in den Kurven des Weges ohne Probleme weit abzubiegen.
Han lärde sig att svänga brett i kurvor på leden utan problem.
Er lernte auch, Dave auszuweichen, wenn der Schlitten schnell bergab fuhr.
Han lärde sig också att undvika Dave när släden åkte nerför snabbt.
„Das sind sehr gute Hunde", sagte François stolz zu Perrault.
"De är väldigt duktiga hundar", sa François stolt till Perrault.
„Dieser Buck zieht wie der Teufel – ich bringe ihm das so schnell bei, wie ich nur kann."
"Den där Bucken drar som bara den – jag lär honom hur snabbt som helst."

Später am Tag kam Perrault mit zwei weiteren Huskys zurück.
Senare samma dag kom Perrault tillbaka med ytterligare två huskyhundar.
Ihre Namen waren Billee und Joe und sie waren Brüder.
De hette Billee och Joe, och de var bröder.
Sie stammten von derselben Mutter, waren sich aber überhaupt nicht ähnlich.
De kom från samma mor, men var inte alls lika.
Billee war gutmütig und zu allen sehr freundlich.
Billee var godhjärtad och alltför vänlig mot alla.
Joe war das Gegenteil – ruhig, wütend und immer am Knurren.
Joe var motsatsen – tyst, arg och alltid morrande.
Buck begrüßte sie freundlich und blieb beiden gegenüber ruhig.
Buck hälsade dem vänligt och förhöll sig lugn mot båda.
Dave schenkte ihnen keine Beachtung und blieb wie üblich still.
Dave brydde sig inte om dem och förblev tyst som vanligt.
Um seine Dominanz zu demonstrieren, griff Spitz zuerst Billee und dann Joe an.
Spitz attackerade först Billee, sedan Joe, för att visa sin dominans.
Billee wedelte mit dem Schwanz und versuchte, freundlich zu Spitz zu sein.
Billee viftade på svansen och försökte vara vänlig mot Spitz.
Als das nicht funktionierte, versuchte er stattdessen wegzulaufen.
När det inte fungerade försökte han springa iväg istället.
Er weinte traurig, als Spitz ihn fest in die Seite biss.
Han grät sorgset när Spitz bet honom hårt i sidan.
Aber Joe war ganz anders und ließ sich nicht einschüchtern.
Men Joe var väldigt annorlunda och vägrade att bli mobbad.
Jedes Mal, wenn Spitz näher kam, drehte sich Joe schnell um, um ihm in die Augen zu sehen.

Varje gång Spitz kom nära, vände Joe sig snabbt om för att möta honom.
Sein Fell sträubte sich, seine Lippen kräuselten sich und seine Zähne schnappten wild.
Hans päls borstade, hans läppar krullade sig och hans tänder knäppte vilt.
Joes Augen glänzten vor Angst und Wut und forderten Spitz heraus, zuzuschlagen.
Joes ögon glänste av rädsla och raseri och utmanade Spitz att slå till.
Spitz gab den Kampf auf und wandte sich gedemütigt und wütend ab.
Spitz gav upp kampen och vände sig bort, förödmjukad och arg.
Er ließ seine Frustration an dem armen Billee aus und jagte ihn davon.
Han släppte ut sin frustration på stackars Billee och jagade bort honom.
An diesem Abend fügte Perrault dem Team einen weiteren Hund hinzu.
Den kvällen lade Perrault till ytterligare en hund i teamet.
Dieser Hund war alt, mager und mit Kampfnarben übersät.
Den här hunden var gammal, mager och täckt av stridsärr.
Eines seiner Augen fehlte, doch das andere blitzte kraftvoll auf.
Ett av hans öga saknades, men det andra blixtrade av kraft.
Der neue Hund hieß Solleks, was „der Wütende" bedeutet.
Den nya hundens namn var Solleks, vilket betydde Den Arga.
Wie Dave verlangte Solleks nichts von anderen und gab nichts zurück.
Liksom Dave begärde Solleks ingenting av andra och gav ingenting tillbaka.
Als Solleks langsam ins Lager ging, blieb sogar Spitz fern.
När Solleks långsamt gick in i lägret höll sig till och med Spitz borta.
Er hatte eine seltsame Angewohnheit, die Buck unglücklicherweise entdeckte.

Han hade en konstig vana som Buck hade otur att upptäcka.
Solleks hasste es, von der Seite angesprochen zu werden, auf der er blind war.
Solleks hatade att bli närmad från den sida där han var blind.
Buck wusste das nicht und machte diesen Fehler versehentlich.
Buck visste inte detta och gjorde det misstaget av misstag.
Solleks wirbelte herum und versetzte Buck einen schnellen, tiefen Schlag auf die Schulter.
Solleks snurrade om och högg Buck djupt och snabbt i axeln.
Von diesem Moment an kam Buck nie wieder in die Nähe von Solleks' blinder Seite.
Från det ögonblicket kom Buck aldrig i närheten av Solleks blinda sida.
Für den Rest ihrer gemeinsamen Zeit gab es nie wieder Probleme.
De hade aldrig problem igen under resten av sin tid tillsammans.
Solleks wollte nur in Ruhe gelassen werden, wie der ruhige Dave.
Solleks ville bara bli lämnad ifred, precis som den tystlåtne Dave.
Doch Buck erfuhr später, dass jeder von ihnen ein anderes geheimes Ziel hatte.
Men Buck skulle senare få veta att de var och en hade ett annat hemligt mål.
In dieser Nacht stand Buck vor einer neuen und beunruhigenden Herausforderung: Wie sollte er schlafen?
Den natten stod Buck inför en ny och besvärande utmaning – hur man skulle sova.
Das Zelt leuchtete warm im Kerzenlicht auf dem schneebedeckten Feld.
Tältet glödde varmt av levande ljus i det snötäckta fältet.
Buck ging hinein und dachte, er könnte sich dort wie zuvor ausruhen.
Buck gick in och tänkte att han kunde vila där som förut.

Aber Perrault und François schrien ihn an und warfen Pfannen.
Men Perrault och François skrek åt honom och kastade kastpannor.
Schockiert und verwirrt rannte Buck in die eisige Kälte hinaus.
Chockad och förvirrad sprang Buck ut i den isande kylan.
Ein bitterkalter Wind stach ihm in die verletzte Schulter und ließ seine Pfoten erfrieren.
En bitter vind sved i hans sårade axel och frös till i hans tassar.
Er legte sich in den Schnee und versuchte, im Freien zu schlafen.
Han lade sig ner i snön och försökte sova ute i det fria.
Doch die Kälte zwang ihn bald, heftig zitternd wieder aufzustehen.
Men kylan tvingade honom snart att resa sig upp igen, darrandes rejält.
Er wanderte durch das Lager und versuchte, ein wärmeres Plätzchen zu finden.
Han vandrade genom lägret och försökte hitta en varmare plats.
Aber jede Ecke war genauso kalt wie die vorherige.
Men varje hörn var lika kallt som det föregående.
Manchmal sprangen ihn wilde Hunde aus der Dunkelheit an.
Ibland hoppade vilda hundar på honom från mörkret.
Buck sträubte sein Fell, fletschte die Zähne und knurrte warnend.
Buck strök med pälsen, blottade tänderna och morrade varnande.
Er lernte schnell und die anderen Hunde zogen sich schnell zurück.
Han lärde sig snabbt, och de andra hundarna backade snabbt.
Trotzdem hatte er keinen Platz zum Schlafen und keine Ahnung, was er tun sollte.
Ändå hade han ingenstans att sova, och ingen aning om vad han skulle göra.

Endlich kam ihm ein Gedanke: Er sollte nach seinen Teamkollegen sehen.
Till slut slog honom en tanke – kolla läget med sina lagkamrater.
Er kehrte in ihre Gegend zurück und war überrascht, dass sie verschwunden waren.
Han återvände till deras område och blev förvånad över att de var borta.
Erneut durchsuchte er das Lager, konnte sie jedoch immer noch nicht finden.
Återigen sökte han igenom lägret, men kunde fortfarande inte hitta dem.
Er wusste, dass sie nicht im Zelt sein durften, sonst wäre er auch dort gewesen.
Han visste att de inte fick vara i tältet, annars skulle han också vara det.
Wo also waren all die Hunde in diesem eisigen Lager geblieben?
Så vart hade alla hundar tagit vägen i det här frusna lägret?
Buck, kalt und elend, umrundete langsam das Zelt.
Buck, kall och olycklig, cirkulerade långsamt runt tältet.
Plötzlich sanken seine Vorderbeine in den weichen Schnee und er erschrak.
Plötsligt sjönk hans framben ner i den mjuka snön och skrämde honom.
Etwas zappelte unter seinen Füßen und er sprang ängstlich zurück.
Något slingrade sig under hans fötter, och han hoppade bakåt i rädsla.
Er knurrte und fauchte, ohne zu wissen, was sich unter dem Schnee verbarg.
Han morrade och morrade, ovetande om vad som låg under snön.
Dann hörte er ein freundliches kleines Bellen, das seine Angst linderte.
Sedan hörde han ett vänligt litet skall som lindrade hans rädsla.

Er schnüffelte in der Luft und kam näher, um zu sehen, was verborgen war.
Han luktade i luften och kom närmare för att se vad som gömde sig.
Unter dem Schnee lag, zu einer warmen Kugel zusammengerollt, der kleine Billee.
Under snön, hopkrupen till en varm boll, låg lilla Billee.
Billee wedelte mit dem Schwanz und leckte Bucks Gesicht zur Begrüßung.
Billee viftade på svansen och slickade Bucks ansikte för att hälsa honom.
Buck sah, wie Billee im Schnee einen Schlafplatz gebaut hatte.
Buck såg hur Billee hade gjort en sovplats i snön.
Er hatte sich eingegraben und nutzte seine eigene Wärme, um sich warm zu halten.
Han hade grävt ner sig och använt sin egen värme för att hålla sig varm.
Buck hatte eine weitere Lektion gelernt – so schliefen die Hunde.
Buck hade lärt sig en annan läxa – det var så här hundarna sov.
Er suchte sich eine Stelle aus und begann, sein eigenes Loch in den Schnee zu graben.
Han valde en plats och började gräva sitt eget hål i snön.
Anfangs bewegte er sich zu viel und verschwendete Energie.
Till en början rörde han sig för mycket och slösade energi.
Doch bald erwärmte sein Körper den Raum und er fühlte sich sicher.
Men snart värmde hans kropp upp utrymmet, och han kände sig trygg.
Er rollte sich fest zusammen und schlief bald fest.
Han kröp ihop sig hårt, och det dröjde inte länge förrän han sov djupt.
Der Tag war lang und hart gewesen und Buck war erschöpft.
Dagen hade varit lång och svår, och Buck var utmattad.
Er schlief tief und fest, obwohl seine Träume wild waren.

Han sov djupt och bekvämt, fastän hans drömmar var vilda.
Er knurrte und bellte im Schlaf und wand sich im Traum.
Han morrade och skällde i sömnen och vred sig medan han drömde.

Buck wachte erst auf, als im Lager bereits Leben erwachte.
Buck vaknade inte förrän lägret redan vaknade till liv.
Zuerst wusste er nicht, wo er war oder was passiert war.
Till en början visste han inte var han var eller vad som hade hänt.
Über Nacht war Schnee gefallen und hatte seinen Körper vollständig begraben.
Snö hade fallit över natten och begravt hans kropp helt.
Der Schnee umgab ihn von allen Seiten dicht.
Snön tryckte sig tätt runt honom från alla sidor.
Plötzlich durchfuhr eine Welle der Angst Bucks ganzen Körper.
Plötsligt rusade en våg av rädsla genom hela Bucks kropp.
Es war die Angst, gefangen zu sein, eine Angst aus tiefen Instinkten.
Det var rädslan för att bli fångad, en rädsla från djupa instinkter.
Obwohl er noch nie eine Falle gesehen hatte, lebte die Angst in ihm.
Även om han aldrig hade sett en fälla, levde rädslan inom honom.
Er war ein zahmer Hund, aber jetzt erwachten seine alten wilden Instinkte.
Han var en tam hund, men nu vaknade hans gamla vilda instinkter.
Bucks Muskeln spannten sich an und sein Fell stellte sich auf seinem ganzen Rücken auf.
Bucks muskler spändes, och hans päls reste sig över hela ryggen.
Er knurrte wild und sprang senkrecht durch den Schnee nach oben.
Han morrade ilsket och hoppade rakt upp genom snön.

Als er ins Tageslicht trat, flog Schnee in alle Richtungen.
Snön flög åt alla håll när han bröt ut i dagsljuset.
Schon vor der Landung sah Buck das Lager vor sich ausgebreitet.
Redan innan landstigningen såg Buck lägret utbrett framför sig.
Er erinnerte sich auf einmal an alles vom Vortag.
Han kom ihåg allt från dagen innan, på en gång.
Er erinnerte sich daran, wie er mit Manuel spazieren gegangen war und an diesem Ort gelandet war.
Han mindes att han promenerade med Manuel och hamnade på den här platsen.
Er erinnerte sich daran, wie er das Loch gegraben hatte und in der Kälte eingeschlafen war.
Han mindes att han grävde hålet och somnade i kylan.
Jetzt war er wach und die wilde Welt um ihn herum war klar.
Nu var han vaken, och den vilda världen omkring honom var klar.
Ein Ruf von François begrüßte Bucks plötzliches Auftauchen.
Ett rop från François hyllade Bucks plötsliga ankomst.
„Was habe ich gesagt?", rief der Hundeführer Perrault laut zu.
"Vad sa jag?" ropade hundföraren högt till Perrault.
„Dieser Buck lernt wirklich sehr schnell", fügte François hinzu.
"Den där Buck lär sig verkligen hur snabbt som helst", tillade François.
Perrault nickte ernst und war offensichtlich mit dem Ergebnis zufrieden.
Perrault nickade allvarligt, tydligt nöjd med resultatet.
Als Kurier für die kanadische Regierung beförderte er Depeschen.
Som kurir för den kanadensiska regeringen bar han depescher.

Er war bestrebt, die besten Hunde für seine wichtige Mission zu finden.
Han var ivrig att hitta de bästa hundarna för sitt viktiga uppdrag.
Er war besonders erfreut, dass Buck nun Teil des Teams war.
Han kände sig särskilt glad nu när Buck var en del av laget.
Innerhalb einer Stunde kamen drei weitere Huskies zum Team hinzu.
Tre ytterligare huskies lades till i laget inom en timme.
Damit betrug die Gesamtzahl der Hunde im Team neun.
Det innebar att det totala antalet hundar i laget uppgick till nio.
Innerhalb von fünfzehn Minuten lagen alle Hunde im Geschirr.
Inom femton minuter var alla hundar i sina selar.
Das Schlittenteam schwang sich den Weg hinauf in Richtung Dyea Cañon.
Kälkspannet svängde uppför stigen mot Dyea Cañon.
Buck war froh, gehen zu können, auch wenn die Arbeit, die vor ihm lag, hart war.
Buck kände sig glad över att få åka, även om arbetet framför honom var hårt.
Er stellte fest, dass er weder die Arbeit noch die Kälte besonders verabscheute.
Han fann att han inte särskilt föraktade arbetet eller kylan.
Er war überrascht von der Begeisterung, die das gesamte Team erfüllte.
Han blev förvånad över den iver som fyllde hela laget.
Noch überraschender war die Veränderung, die bei Dave und Solleks vor sich ging.
Ännu mer förvånande var den förändring som hade skett över Dave och Solleks.
Diese beiden Hunde waren völlig unterschiedlich, als sie ein Geschirr trugen.
Dessa två hundar var helt olika när de var selade.
Ihre Passivität und Sorglosigkeit waren völlig verschwunden.

Deras passivitet och brist på omsorg hade helt försvunnit.
Sie waren aufmerksam und aktiv und bestrebt, ihre Arbeit gut zu machen.
De var alerta och aktiva, och ivriga att göra sitt arbete väl.
Sie reagierten äußerst verärgert über alles, was zu Verzögerungen oder Verwirrung führte.
De blev våldsamt irriterade över allt som orsakade förseningar eller förvirring.
Die harte Arbeit an den Zügeln stand im Mittelpunkt ihres gesamten Wesens.
Det hårda arbetet med tyglarna var centrum för hela deras väsen.
Das Schlittenziehen schien das Einzige zu sein, was ihnen wirklich Spaß machte.
Att dra släde verkade vara det enda de verkligen tyckte om.
Dave war am Ende der Gruppe und dem Schlitten am nächsten.
Dave var längst bak i gruppen, närmast själva släden.
Buck landete vor Dave und Solleks zog an Buck vorbei.
Buck placerades framför Dave, och Solleks drog före Buck.
Die übrigen Hunde liefen in einer Reihe vorn.
Resten av hundarna låg utsträckta framför dem i en enda rad.
Die Führungsposition an der Spitze besetzte Spitz.
Ledarpositionen längst fram fylldes av Spitz.
Buck war zur Einweisung zwischen Dave und Solleks platziert worden.
Buck hade placerats mellan Dave och Solleks för instruktion.
Er lernte schnell und sie waren strenge und fähige Lehrer.
Han var en snabb lärare, och de var bestämda och skickliga lärare.
Sie ließen nie zu, dass Buck lange im Irrtum blieb.
De lät aldrig Buck förbli i fel ställning länge.
Sie erteilten ihre Lektionen, wenn nötig, mit scharfen Zähnen.
De undervisade sina lektioner med vassa tänder när det behövdes.

Dave war fair und zeigte eine ruhige, ernste Art von Weisheit.
Dave var rättvis och visade en stillsam, allvarlig sorts visdom.
Er hat Buck nie ohne guten Grund gebissen.
Han bet aldrig Buck utan en god anledning.
Aber er hat es nie versäumt, zuzubeißen, wenn Buck eine Korrektur brauchte.
Men han underlät aldrig att bita när Buck behövde korrigeras.
François' Peitsche war immer bereit und untermauerte ihre Autorität.
François piska var alltid redo och backade upp deras auktoritet.
Buck merkte bald, dass es besser war zu gehorchen, als sich zu wehren.
Buck insåg snart att det var bättre att lyda än att slå tillbaka.
Einmal verhedderte sich Buck während einer kurzen Pause in den Zügeln.
En gång, under en kort vila, trasslade sig Buck in i tyglarna.
Er verzögerte den Start und brachte die Bewegungen des Teams durcheinander.
Han försenade starten och störde lagets rörelser.
Dave und Solleks stürzten sich auf ihn und verprügelten ihn brutal.
Dave och Solleks flög mot honom och gav honom en hård smäll.
Das Gewirr wurde nur noch schlimmer, aber Buck lernte seine Lektion.
Trassel blev bara värre, men Buck lärde sig sin läxa väl.
Von da an hielt er die Zügel straff und arbeitete vorsichtig.
Från och med då höll han tyglarna spända och arbetade noggrant.
Bevor der Tag zu Ende war, hatte Buck einen Großteil seiner Aufgabe gemeistert.
Innan dagen var slut hade Buck bemästrat mycket av sin uppgift.
Seine Teamkollegen hörten fast auf, ihn zu korrigieren oder zu beißen.

Hans lagkamrater slutade nästan att korrigera eller bita honom.
François' Peitsche knallte immer seltener durch die Luft.
François piska smällde allt mer sällan genom luften.
Perrault hob sogar Bucks Füße an und untersuchte sorgfältig jede Pfote.
Perrault lyfte till och med Bucks fötter och undersökte noggrant varje tass.
Es war ein harter Tageslauf gewesen, lang und anstrengend für alle.
Det hade varit en hård dags löpning, lång och utmattande för dem alla.
Sie reisten den Cañon hinauf, durch Sheep Camp und an den Scales vorbei.
De reste uppför Cañon, genom Sheep Camp och förbi Scales.
Sie überquerten die Baumgrenze, dann Gletscher und meterhohe Schneeverwehungen.
De korsade skogsgränsen, sedan glaciärer och snödrivor som var många meter djupa.
Sie erklommen die große, kalte und unwirtliche Chilkoot-Wasserscheide.
De klättrade uppför den stora kalla och avskräckande Chilkoot-klyftan.
Dieser hohe Bergrücken lag zwischen Salzwasser und dem gefrorenen Landesinneren.
Den höga åsen stod mellan saltvatten och det frusna inlandet.
Die Berge bewachten den traurigen und einsamen Norden mit Eis und steilen Anstiegen.
Bergen vaktade det sorgsna och ensamma Norden med is och branta klättringar.
Sie kamen gut voran und erreichten eine lange Kette von Seen unterhalb der Wasserscheide.
De tog sig god tid nerför en lång kedja av sjöar nedanför gränsklyftan.
Diese Seen füllten die alten Krater erloschener Vulkane.
Dessa sjöar fyllde de forntida kratrarna av slocknade vulkaner.

Spät in der Nacht erreichten sie ein großes Lager am Lake Bennett.
Sent på natten nådde de ett stort läger vid Lake Bennett.
Tausende Goldsucher waren dort und bauten Boote für den Frühling.
Tusentals guldsökare var där och byggde båtar inför våren.
Das Eis würde bald aufbrechen und sie mussten bereit sein.
Isen skulle snart brytas upp, och de var tvungna att vara redo.
Buck grub sein Loch in den Schnee und fiel in einen tiefen Schlaf.
Buck grävde sitt hål i snön och föll i en djup sömn.
Er schlief wie ein Arbeiter, erschöpft von einem harten Arbeitstag.
Han sov som en arbetare, utmattad efter den hårda dagens slit.
Doch zu früh wurde er in der Dunkelheit aus dem Schlaf gerissen.
Men för tidigt i mörkret drogs han ur sömnen.
Er wurde wieder mit seinen Kumpels angeschirrt und vor den Schlitten gespannt.
Han selades fast med sina kompisar igen och fästes vid släden.
An diesem Tag legten sie sechzig Kilometer zurück, weil der Schnee festgetreten war.
Den dagen tillryggalade de fyrtio mil, eftersom snön var väl upptrampad.
Am nächsten Tag und noch viele Tage danach war der Schnee weich.
Nästa dag, och i många dagar efteråt, var snön mjuk.
Sie mussten den Weg selbst bahnen, härter arbeiten und langsamer vorankommen.
De var tvungna att göra vägen själva, arbeta hårdare och röra sig långsammare.
Normalerweise ging Perrault mit Schwimmhäuten an den Schneeschuhen vor dem Team her.
Vanligtvis gick Perrault före laget med snöskor med simhud.
Seine Schritte verdichteten den Schnee und erleichterten so die Fortbewegung des Schlittens.

Hans steg packade snön, vilket gjorde det lättare för släden att röra sig.
François, der vom Steuerstand aus steuerte, übernahm manchmal die Kontrolle.
François, som styrde från gee-pole, tog ibland över.
Aber es kam selten vor, dass François die Führung übernahm
Men det var sällsynt att François tog ledningen
weil Perrault es eilig hatte, die Briefe und Pakete auszuliefern.
eftersom Perrault hade bråttom att leverera breven och paketen.
Perrault war stolz auf sein Wissen über Schnee und insbesondere Eis.
Perrault var stolt över sin kunskap om snö, och särskilt is.
Dieses Wissen war von entscheidender Bedeutung, da das Eis im Herbst gefährlich dünn war.
Den kunskapen var avgörande, eftersom höstisen var farligt tunn.
Wo das Wasser unter der Oberfläche schnell floss, gab es überhaupt kein Eis.
Där vattnet flödade snabbt under ytan fanns det ingen is alls.

Tag für Tag wiederholte sich endlos die gleiche Routine.
Dag efter dag upprepades samma rutin utan slut.
Buck arbeitete unermüdlich von morgens bis abends in den Zügeln.
Buck slet oavbrutet i tyglarna från gryning till natt.
Sie verließen das Lager im Dunkeln, lange bevor die Sonne aufgegangen war.
De lämnade lägret i mörkret, långt innan solen hade gått upp.
Als es Tag wurde, hatten sie bereits viele Kilometer zurückgelegt.
När det blev dagsljus hade de redan lagt många mil bakom sig.
Sie schlugen ihr Lager nach Einbruch der Dunkelheit auf, aßen Fisch und gruben sich in den Schnee ein.

De slog läger efter mörkrets inbrott, åt fisk och grävde sig ner i snön.
Buck war immer hungrig und mit seiner Ration nie wirklich zufrieden.
Buck var alltid hungrig och aldrig riktigt nöjd med sin ranson.
Er erhielt jeden Tag anderthalb Pfund getrockneten Lachs.
Han fick ett och ett halvt pund torkad lax varje dag.
Doch das Essen schien in ihm zu verschwinden und ließ den Hunger zurück.
Men maten tycktes försvinna inuti honom och lämna hungern bakom sig.
Er litt unter ständigem Hunger und träumte von mehr Essen.
Han led av ständig hunger och drömde om mer mat.
Die anderen Hunde haben nur ein Pfund abgenommen, sind aber stark geblieben.
De andra hundarna fick bara ett halvt kilo mat, men de förblev starka.
Sie waren kleiner und in das Leben im Norden hineingeboren.
De var mindre och hade fötts in i det nordliga livet.
Er verlor rasch die Sorgfalt, die sein früheres Leben geprägt hatte.
Han förlorade snabbt den noggrannhet som hade präglat hans gamla liv.
Er war ein gieriger Esser gewesen, aber jetzt war das nicht mehr möglich.
Han hade varit en nättätare, men nu var det inte längre möjligt.
Seine Kameraden waren zuerst fertig und raubten ihm seine noch nicht aufgegessene Ration.
Hans kompisar blev klara först och stjälde hans oavslutade ranson.
Als sie einmal damit anfingen, gab es keine Möglichkeit mehr, sein Essen vor ihnen zu verteidigen.
När de väl hade börjat fanns det inget sätt att försvara hans mat från dem.

Während er zwei oder drei Hunde abwehrte, stahlen die anderen den Rest.
Medan han kämpade mot två eller tre hundar, stal de andra resten.
Um dies zu beheben, begann er, so schnell zu essen wie die anderen.
För att åtgärda detta började han äta lika fort som de andra åt.
Der Hunger trieb ihn so sehr an, dass er sogar Essen zu sich nahm, das ihm nicht gehörte.
Hungern pressade honom så hårt att han till och med åt mat som inte var hans egen.
Er beobachtete die anderen und lernte schnell aus ihren Handlungen.
Han iakttog de andra och lärde sig snabbt av deras handlingar.
Er sah, wie Pike, ein neuer Hund, Perrault eine Scheibe Speck stahl.
Han såg Pike, en ny hund, stjäla en skiva bacon från Perrault.
Pike hatte gewartet, bis Perrault sich umdrehte, um den Speck zu stehlen.
Pike hade väntat tills Perrault hade vänt ryggen till för att stjäla baconet.
Am nächsten Tag machte Buck es Pike nach und stahl das ganze Stück.
Nästa dag kopierade Buck Pike och stal hela biten.
Es folgte ein großer Aufruhr, doch Buck wurde nicht verdächtigt.
Ett stort uppståndelse följde, men Buck misstänktes inte.
Stattdessen wurde Dub bestraft, ein tollpatschiger Hund, der immer erwischt wurde.
Dub, en klumpig hund som alltid blev tagen, straffades istället.
Dieser erste Diebstahl machte Buck zu einem Hund, der in der Lage war, im Norden zu überleben.
Den första stölden markerade Buck som en hund lämpad att överleva i norr.

Er zeigte, dass er sich an neue Bedingungen anpassen und schnell lernen konnte.
Han visade att han kunde anpassa sig till nya förhållanden och lära sig snabbt.
Ohne diese Anpassungsfähigkeit wäre er schnell und auf schlimme Weise gestorben.
Utan sådan anpassningsförmåga skulle han ha dött snabbt och illa.
Es markierte auch den Zusammenbruch seiner moralischen Natur und seiner früheren Werte.
Det markerade också ett sammanbrott av hans moraliska natur och tidigare värderingar.
Im Südland hatte er nach dem Gesetz der Liebe und Güte gelebt.
I Sydlandet hade han levt under kärlekens och vänlighetens lag.
Dort war es sinnvoll, Eigentum und die Gefühle anderer Hunde zu respektieren.
Där var det vettigt att respektera egendom och andra hundars känslor.
Aber das Nordland befolgte das Gesetz der Keule und das Gesetz der Reißzähne.
Men Northland följde klubblagen och huggtandslagarna.
Wer hier alte Werte respektierte, war dumm und würde scheitern.
Den som respekterade gamla värderingar här var dåraktig och skulle misslyckas.
Buck hat das alles nicht durchdacht.
Buck resonerade inte ut allt detta i sitt huvud.
Er war fit und passte sich daher an, ohne darüber nachdenken zu müssen.
Han var i form, så han anpassade sig utan att behöva tänka.
Sein ganzes Leben lang war er noch nie vor einem Kampf davongelaufen.
Hela sitt liv hade han aldrig rymt från ett bråk.
Doch die Holzkeule des Mannes im roten Pullover änderte diese Regel.

Men mannen i den röda tröjans träklubba ändrade den regeln.
Jetzt folgte er einem tieferen, älteren Code, der in sein Wesen eingeschrieben war.
Nu följde han en djupare, äldre kod inskriven i hans varelse.
Er stahl nicht aus Vergnügen, sondern aus Hunger.
Han stal inte av njutning, utan av hungerns smärta.
Er raubte nie offen, sondern stahl mit List und Sorgfalt.
Han rånade aldrig öppet, utan stal med slughet och omsorg.
Er handelte aus Respekt vor der Holzkeule und aus Angst vor dem Fangzahn.
Han agerade av respekt för träklubban och rädsla för huggtanden.
Kurz gesagt, er hat das getan, was einfacher und sicherer war, als es nicht zu tun.
Kort sagt, han gjorde det som var enklare och säkrare än att inte göra det.
Seine Entwicklung – oder vielleicht seine Rückkehr zu alten Instinkten – verlief schnell.
Hans utveckling – eller kanske hans återgång till gamla instinkter – gick snabbt.
Seine Muskeln verhärteten sich, bis sie sich stark wie Eisen anfühlten.
Hans muskler hårdnade tills de kändes starka som järn.
Schmerzen machten ihm nichts mehr aus, es sei denn, sie waren ernst.
Han brydde sig inte längre om smärta, såvida den inte var allvarlig.
Er wurde durch und durch effizient und verschwendete überhaupt nichts.
Han blev effektiv både inifrån och ut, utan att slösa någonting alls.
Er konnte Dinge essen, die scheußlich, verdorben oder schwer verdaulich waren.
Han kunde äta saker som var vidriga, ruttna eller svårsmälta.
Was auch immer er aß, sein Magen verbrauchte das letzte bisschen davon.

Vad han än åt, förbrukade hans mage varenda gnutta av värde.
Sein Blut transportierte die Nährstoffe weit durch seinen kräftigen Körper.
Hans blod bar näringsämnena långt genom hans kraftfulla kropp.
Dadurch baute er starkes Gewebe auf, das ihm eine unglaubliche Ausdauer verlieh.
Detta byggde upp starka vävnader som gav honom otrolig uthållighet.
Sein Seh- und Geruchssinn wurden viel feiner als zuvor.
Hans syn och lukt blev mycket känsligare än tidigare.
Sein Gehör wurde so scharf, dass er im Schlaf leise Geräusche wahrnehmen konnte.
Hans hörsel blev så skarp att han kunde uppfatta svaga ljud i sömnen.
In seinen Träumen wusste er, ob die Geräusche Sicherheit oder Gefahr bedeuteten.
Han visste i sina drömmar om ljuden betydde säkerhet eller fara.
Er lernte, mit den Zähnen auf das Eis zwischen seinen Zehen zu beißen.
Han lärde sig att bita i isen mellan tårna med tänderna.
Wenn ein Wasserloch zufror, brach er das Eis mit seinen Beinen.
Om ett vattenhål frös till, brukade han bryta isen med benen.
Er bäumte sich auf und schlug mit seinen steifen Vorderbeinen hart auf das Eis.
Han reste sig upp och slog hårt i isen med stela framben.
Seine bemerkenswerteste Fähigkeit war die Vorhersage von Windänderungen über Nacht.
Hans mest slående förmåga var att förutsäga vindförändringar över natten.
Selbst bei Windstille suchte er sich windgeschützte Stellen aus.
Även när luften var stilla valde han platser skyddade från vinden.

Wo auch immer er sein Nest grub, der Wind des nächsten Tages strich an ihm vorbei.
Var han än grävde sitt bo, blåste nästa dags vind förbi honom.
Er landete immer gemütlich und geschützt, in Lee der Brise.
Han låg alltid bekvämt och skyddad, i lä från vinden.
Buck hat nicht nur durch Erfahrung gelernt – auch seine Instinkte sind zurückgekehrt.
Buck lärde sig inte bara av erfarenhet – hans instinkter återvände också.
Die Gewohnheiten der domestizierten Generationen begannen zu verschwinden.
Vanorna från domesticerade generationer började falla bort.
Er erinnerte sich vage an die alten Zeiten seiner Rasse.
På vaga sätt mindes han sin släkts forntida tider.
Er dachte an die Zeit zurück, als wilde Hunde in Rudeln durch die Wälder rannten.
Han tänkte tillbaka på när vilda hundar sprang i flock genom skogar.
Sie hatten ihre Beute gejagt und getötet, während sie sie verfolgten.
De hade jagat och dödat sitt byte medan de sprang ner det.
Buck lernte leicht, mit Biss und Schnelligkeit zu kämpfen.
Det var lätt för Buck att lära sig att slåss med tand och fart.
Er verwendete Schnitte, Hiebe und schnelle Schnappschüsse, genau wie seine Vorfahren.
Han använde snitt, snedstreck och snabba snäpp precis som sina förfäder.
Diese Vorfahren regten sich in ihm und erweckten seine wilde Natur.
Dessa förfäder rörde sig inom honom och väckte hans vilda natur.
Ihre alten Fähigkeiten waren ihm durch die Blutlinie vererbt worden.
Deras gamla färdigheter hade ärvts till honom genom blodslinjen.
Ihre Tricks gehörten ihm nun, ohne dass er üben oder sich anstrengen musste.

Deras trick var nu hans, utan behov av övning eller ansträngning.

In stillen, kalten Nächten hob Buck die Nase und heulte.
På stilla, kalla nätter lyfte Buck på nosen och ylade.
Er heulte lang und tief, so wie es die Wölfe vor langer Zeit getan hatten.
Han ylade länge och djupt, som vargar hade gjort för länge sedan.
Durch ihn streckten seine toten Vorfahren ihre Nasen und heulten.
Genom honom pekade hans döda förfäder på näsan och ylade.
Sie heulten durch die Jahrhunderte mit seiner Stimme und Gestalt.
De ylade ner genom århundradena i hans röst och skepnad.
Seine Kadenzen waren ihre, alte Schreie, die von Kummer und Kälte erzählten.
Hans kadenser var deras, gamla rop som berättade om sorg och kyla.
Sie sangen von Dunkelheit, Hunger und der Bedeutung des Winters.
De sjöng om mörker, om hunger och vinterns innebörd.
Buck bewies, wie das Leben von Kräften jenseits des eigenen Ichs geprägt wird.
Buck bevisade hur livet formas av krafter bortom en själv,
Das uralte Lied stieg durch Buck auf und ergriff seine Seele.
den uråldriga sången steg genom Buck och grep tag i hans själ.
Er fand sich selbst, weil Menschen im Norden Gold gefunden hatten.
Han fann sig själv eftersom män hade hittat guld i norr.
Und er fand sich selbst, weil Manuel, der Gärtnergehilfe, Geld brauchte.
Och han fann sig själv eftersom Manuel, trädgårdsmästarens medhjälpare, behövde pengar.

Das dominante Urtier
Det dominerande urdjuret

In Buck war das dominante Urtier so stark wie eh und je.
Det dominerande urdjuret var lika starkt som alltid i Buck.
Doch das dominante Urtier hatte in ihm geschlummert.
Men det dominerande urdjuret hade legat vilande inom honom.
Das Leben auf dem Trail war hart, aber es stärkte das Tier in Buck.
Livet på stigen var hårt, men det stärkte odjuret inom Buck.
Insgeheim wurde das Biest von Tag zu Tag stärker.
I hemlighet blev odjuret starkare och starkare för varje dag.
Doch dieses innere Wachstum blieb der Außenwelt verborgen.
Men den inre tillväxten förblev dold för omvärlden.
In Buck baute sich eine stille und ruhige Urkraft auf.
En tyst och lugn urkraft byggdes upp inom Buck.
Neue Gerissenheit verlieh Buck Gleichgewicht, Ruhe und Selbstbeherrschung.
Ny slughet gav Buck balans, lugn och kontroll och fattning.
Buck konzentrierte sich sehr auf die Anpassung und fühlte sich nie völlig entspannt.
Buck fokuserade hårt på att anpassa sig och kände sig aldrig helt avslappnad.
Er ging Konflikten aus dem Weg, fing nie Streit an und suchte auch nie Ärger.
Han undvek konflikter, startade aldrig bråk eller sökte bråk.
Jede Bewegung von Buck war von langsamer, stetiger Nachdenklichkeit geprägt.
En långsam, stadig eftertänksamhet formade Bucks varje rörelse.
Er vermied überstürzte Entscheidungen und plötzliche, rücksichtslose Entschlüsse.
Han undvek förhastade val och plötsliga, vårdslösa beslut.
Obwohl Buck Spitz zutiefst hasste, zeigte er ihm gegenüber keine Aggression.

Även om Buck hatade Spitz djupt, visade han honom ingen aggression.
Buck hat Spitz nie provoziert und sein Verhalten zurückhaltend gehalten.
Buck provocerade aldrig Spitz och höll sina handlingar återhållsamma.
Spitz hingegen spürte die wachsende Gefahr, die von Buck ausging.
Spitz, å andra sidan, anade den växande faran hos Buck.
Er sah in Buck eine Bedrohung und eine ernsthafte Herausforderung seiner Macht.
Han såg Buck som ett hot och en allvarlig utmaning mot sin makt.
Er nutzte jede Gelegenheit, um zu knurren und seine scharfen Zähne zu zeigen.
Han använde varje tillfälle att morra och visa sina vassa tänder.
Er versuchte, den tödlichen Kampf zu beginnen, der bevorstand.
Han försökte starta den dödliga strid som måste komma.
Schon zu Beginn der Reise wäre es beinahe zu einem Streit zwischen ihnen gekommen.
Tidigt under resan höll det på att utbryta ett bråk mellan dem.
Doch ein unerwarteter Unfall verhinderte den Kampf.
Men en oväntad olycka stoppade bråket.
An diesem Abend schlugen sie ihr Lager am bitterkalten Lake Le Barge auf.
Den kvällen slog de läger vid den bitande kalla sjön Le Barge.
Es schneite heftig und der Wind war schneidend wie ein Messer.
Snön föll hårt och vinden skar som en kniv.
Die Nacht war zu schnell hereingebrochen und Dunkelheit umgab sie.
Natten kom alltför fort, och mörkret omgav dem.
Sie hätten sich kaum einen schlechteren Ort zum Ausruhen aussuchen können.
De kunde knappast ha valt en sämre plats för vila.

Die Hunde suchten verzweifelt nach einem Platz zum Hinlegen.
Hundarna letade desperat efter en plats att ligga ner på.
Hinter der kleinen Gruppe erhob sich steil eine hohe Felswand.
En hög klippvägg reste sig brant bakom den lilla gruppen.
Das Zelt wurde in Dyea zurückgelassen, um die Last zu erleichtern.
Tältet hade lämnats kvar i Dyea för att lätta bördan.
Ihnen blieb nichts anderes übrig, als das Feuer auf dem Eis selbst zu machen.
De hade inget annat val än att göra upp elden på själva isen.
Sie breiten ihre Schlafmäntel direkt auf dem zugefrorenen See aus.
De bredde ut sina sovkläder direkt på den frusna sjön.
Ein paar Stücke Treibholz gaben ihnen ein wenig Feuer.
Några drivvedskivlingar gav dem lite eld.
Doch das Feuer wurde auf dem Eis entfacht und taute hindurch.
Men elden byggdes upp på isen och tinade upp genom den.
Schließlich aßen sie ihr Abendessen im Dunkeln.
Till slut åt de sin kvällsmat i mörkret.
Buck rollte sich neben dem Felsen zusammen, geschützt vor dem kalten Wind.
Buck kröp ihop sig bredvid stenen, skyddad från den kalla vinden.
Der Platz war so warm und sicher, dass Buck es hasste, wegzugehen.
Platsen var så varm och trygg att Buck hatade att flytta därifrån.
Aber François hatte den Fisch aufgewärmt und verteilte die Rationen.
Men François hade värmt fisken och delade ut ransoner.
Buck aß schnell fertig und ging zurück in sein Bett.
Buck åt snabbt färdigt och återvände till sin säng.
Aber Spitz lag jetzt dort, wo Buck sein Bett gemacht hatte.
Men Spitz låg nu där Buck hade bäddat sin säng.

Ein leises Knurren warnte Buck, dass Spitz sich weigerte, sich zu bewegen.
Ett lågt morrande varnade Buck för att Spitz vägrade röra sig.
Bisher hatte Buck diesen Kampf mit Spitz vermieden.
Fram till nu hade Buck undvikit denna strid med Spitz.
Doch tief in Bucks Innerem brach das Biest schließlich aus.
Men djupt inne i Buck bröt odjuret slutligen lös.
Der Diebstahl seines Schlafplatzes war zu viel für ihn.
Stölden av hans sovplats var för mycket att tolerera.
Buck stürzte sich voller Wut und Zorn auf Spitz.
Buck kastade sig mot Spitz, full av ilska och raseri.
Bis jetzt hatte Spitz gedacht, Buck sei bloß ein großer Hund.
Fram tills nu hade Spitz trott att Buck bara var en stor hund.
Er glaubte nicht, dass Buck durch seinen Geist überlebt hatte.
Han trodde inte att Buck hade överlevt genom sin ande.
Er erwartete Angst und Feigheit, nicht Wut und Rache.
Han förväntade sig rädsla och feghet, inte raseri och hämnd.
François starrte die beiden Hunde an, als sie aus dem zerstörten Nest stürmten.
François stirrade medan båda hundarna bröt ut ur det förstörda boet.
Er verstand sofort, was den wilden Kampf ausgelöst hatte.
Han förstod genast vad som hade startat den vilda kampen.
„Aa-ah!", rief François, um dem braunen Hund zuzujubeln.
"Aa-ah!" ropade François till stöd för den bruna hunden.
„Verprügelt ihn! Bei Gott, bestraft diesen hinterhältigen Dieb!"
"Ge honom stryk! Vid Gud, straffa den där lömska tjuven!"
Spitz zeigte gleichermaßen Bereitschaft und wilden Kampfeswillen.
Spitz visade lika stor beredskap som vild iver att slåss.
Er schrie wütend auf, während er schnell im Kreis kreiste und nach einer Öffnung suchte.
Han skrek ut i raseri medan han cirklade snabbt och sökte en öppning.

Buck zeigte den gleichen Kampfeshunger und die gleiche Vorsicht.
Buck visade samma kampvilja och samma försiktighet.
Auch er umkreiste seinen Gegner und versuchte, im Kampf die Oberhand zu gewinnen.
Han cirkulerade också runt sin motståndare och försökte få övertaget i striden.
Dann geschah etwas Unerwartetes und veränderte alles.
Sedan hände något oväntat och förändrade allt.
Dieser Moment verzögerte den letztendlichen Kampf um die Führung.
Det ögonblicket försenade den slutliga kampen om ledarskapet.
Bis zum Ende warteten noch viele Meilen voller Mühe und Anstrengung.
Många mil av vandring och kamp väntade fortfarande innan slutet.
Perrault stieß einen Fluch aus, als eine Keule auf Knochen schlug.
Perrault ropade en ed medan en klubba slog mot ett ben.
Es folgte ein scharfer Schmerzensschrei, dann brach überall Chaos aus.
Ett skarpt smärtskrik följde, sedan exploderade kaos runt omkring.
Dunkle Gestalten bewegten sich im Lager; wilde Huskys, ausgehungert und wild.
Mörka skepnader rörde sig i lägret; vilda huskyr, utsvultna och vildsinta.
Vier oder fünf Dutzend Huskys hatten das Lager von weitem erschnüffelt.
Fyra eller fem dussin huskyhundar hade nosat på lägret på avstånd.
Sie hatten sich leise hineingeschlichen, während die beiden Hunde in der Nähe kämpften.
De hade smugit sig in tyst medan de två hundarna slogs i närheten.

François und Perrault griffen an und schwangen Knüppel auf die Eindringlinge.
François och Perrault anföll och svingade klubbor mot inkräktarna.
Die ausgehungerten Huskies zeigten ihre Zähne und wehrten sich rasend.
De svältande huskydjuren visade tänder och kämpade tillbaka i frenesi.
Der Geruch von Fleisch und Brot hatte sie alle Angst vertreiben lassen.
Lukten av kött och bröd hade drivit dem över all rädsla.
Perrault schlug einen Hund, der seinen Kopf in der Fresskiste vergraben hatte.
Perrault slog en hund som hade begravt sitt huvud i matlådan.
Der Schlag war hart, die Schachtel kippte um und das Essen quoll heraus.
Slaget träffade hårt, lådan välte och mat rann ut.
Innerhalb von Sekunden rissen sich zwanzig wilde Tiere über das Brot und das Fleisch her.
På några sekunder slet ett tjugotal vilda djur sig in i brödet och köttet.
Die Keulen der Männer landeten Schlag auf Schlag, doch kein Hund ließ nach.
Herrklubbarna landade slag efter slag, men ingen hund vände sig bort.
Sie schrien vor Schmerz, kämpften aber, bis kein Futter mehr übrig war.
De ylade av smärta, men kämpade tills ingen mat fanns kvar.
Inzwischen waren die Schlittenhunde aus ihren verschneiten Betten gesprungen.
Under tiden hade slädhundarna hoppat ur sina snötäckta sängar.
Sie wurden sofort von den bösartigen, hungrigen Huskys angegriffen.
De blev omedelbart attackerade av de grymma hungriga huskiesna.

Buck hatte noch nie zuvor so wilde und ausgehungerte Tiere gesehen.
Buck hade aldrig sett så vilda och svältande varelser förut.
Ihre Haut hing lose und verbarg kaum ihr Skelett.
Deras hud hängde löst och dolde knappt deras skelett.
In ihren Augen brannte ein Feuer aus Hunger und Wahnsinn
Det brann en eld i deras ögon, av hunger och galenskap
Sie waren nicht aufzuhalten, ihrem wilden Ansturm war kein Widerstand zu leisten.
Det fanns inget att stoppa dem; inget kunde göra motstånd mot deras vilda anstormning.
Die Schlittenhunde wurden zurückgedrängt und gegen die Felswand gedrückt.
Slädhundarna knuffades tillbaka, pressade mot klippväggen.
Drei Huskies griffen Buck gleichzeitig an und rissen ihm das Fleisch auf.
Tre huskyr attackerade Buck samtidigt och slet sönder hans kött.
Aus den Schnittwunden an seinem Kopf und seinen Schultern strömte Blut.
Blod strömmade från hans huvud och axlar, där han hade blivit skärrad.
Der Lärm erfüllte das Lager: Knurren, Jaulen und Schmerzensschreie.
Oljudet fyllde lägret; morrande, skrik och smärtskrik.
Billee weinte wie immer laut, gefangen im Kampf und in der Panik.
Billee grät högt, som vanligt, fångad i striden och paniken.
Dave und Solleks standen Seite an Seite, blutend, aber trotzig.
Dave och Solleks stod sida vid sida, blödande men trotsiga.
Joe kämpfte wie ein Dämon und biss alles, was ihm zu nahe kam.
Joe kämpade som en demon och bet allt som kom i närheten.
Mit einem brutalen Schnappen seines Kiefers zerquetschte er das Bein eines Huskys.

Han krossade en huskys ben med ett brutalt knäpp med käftarna.
Pike sprang auf den verletzten Husky und brach ihm sofort das Genick.
Gäddan hoppade upp på den sårade huskyn och bröt nacken direkt.
Buck packte einen Husky an der Kehle und riss ihm die Ader auf.
Buck tog tag i halsen på en husky och slet igenom venen.
Blut spritzte und der warme Geschmack trieb Buck in Raserei.
Blod sprutade, och den varma smaken gjorde Buck rasande.
Ohne zu zögern stürzte er sich auf einen anderen Angreifer.
Han kastade sig utan att tveka över en annan angripare.
Im selben Moment gruben sich scharfe Zähne in Bucks Kehle.
I samma ögonblick borrade sig vassa tänder in i Bucks egen hals.
Spitz hatte von der Seite zugeschlagen und ohne Vorwarnung angegriffen.
Spitz hade slagit till från sidan och attackerat utan förvarning.
Perrault und François hatten die Hunde besiegt, die das Futter stahlen.
Perrault och François hade besegrat hundarna som stal maten.
Nun eilten sie ihren Hunden zu Hilfe, um die Angreifer abzuwehren.
Nu skyndade de sig för att hjälpa sina hundar att slå tillbaka angriparna.
Die ausgehungerten Hunde zogen sich zurück, als die Männer ihre Keulen schwangen.
De svältande hundarna drog sig tillbaka medan männen svingade sina klubbor.
Buck konnte sich dem Angriff befreien, doch die Flucht war nur von kurzer Dauer.
Buck slet sig loss från attacken, men flykten blev kort.
Die Männer rannten los, um ihre Hunde zu retten, und die Huskies kamen erneut zum Vorschein.

Männen sprang för att rädda sina hundar, och huskyhundarna svärmade igen.
Billee, der aus Angst Mut fasste, sprang in die Hundemeute.
Billee, skrämd till mod, hoppade in i hundflocken.
Doch dann floh er in blanker Angst und Panik über das Eis.
Men sedan flydde han över isen, i rå skräck och panik.
Pike und Dub folgten dicht dahinter und rannten um ihr Leben.
Pike och Dub följde tätt efter och flydde för sina liv.
Der Rest des Teams löste sich auf, zerstreute sich und folgte ihnen.
Resten av laget splittrades och följde efter dem.
Buck nahm all seine Kräfte zusammen, um loszurennen, doch dann sah er einen Blitz.
Buck samlade krafter för att springa, men såg sedan en blixt.
Spitz stürzte sich auf Buck und versuchte, ihn zu Boden zu schlagen.
Spitz kastade sig mot Bucks sida och försökte slå ner honom på marken.
Unter dieser Meute von Huskys hätte Buck nicht entkommen können.
Under den där mobben av huskydjur skulle Buck inte ha haft någon flyktväg.
Aber Buck blieb standhaft und wappnete sich für den Schlag von Spitz.
Men Buck stod fast och förberedde sig på slaget från Spitz.
Dann drehte er sich um und rannte mit dem fliehenden Team auf das Eis hinaus.
Sedan vände han sig om och sprang ut på isen med det flyende teamet.

Später versammelten sich die neun Schlittenhunde im Schutz des Waldes.
Senare samlades de nio slädhundarna i lä av skogen.
Niemand verfolgte sie mehr, aber sie waren geschlagen und verwundet.

Ingen jagade dem längre, men de blev misshandlade och sårade.
Jeder Hund hatte Wunden; vier oder fünf tiefe Schnitte an jedem Körper.
Varje hund hade sår; fyra eller fem djupa skärsår på varje kropp.
Dub hatte ein verletztes Hinterbein und konnte kaum noch laufen.
Dub hade ett skadat bakben och hade svårt att gå nu.
Dolly, der neueste Hund aus Dyea, hatte eine aufgeschlitzte Kehle.
Dolly, den nyaste hunden från Dyea, hade en avskuren hals.
Joe hatte ein Auge verloren und Billees Ohr war in Stücke geschnitten
Joe hade förlorat ett öga, och Billees öra var skuret i bitar.
Alle Hunde schrien die ganze Nacht vor Schmerz und Niederlage.
Alla hundarna grät av smärta och nederlag genom natten.
Im Morgengrauen krochen sie wund und gebrochen zurück ins Lager.
I gryningen smög de tillbaka till lägret, ömma och trasiga.
Die Huskies waren verschwunden, aber der Schaden war angerichtet.
Huskiesna hade försvunnit, men skadan var skedd.
Perrault und François standen schlecht gelaunt vor der Ruine.
Perrault och François stodo på dåligt humör över ruinen.
Die Hälfte der Lebensmittel war verschwunden und von den hungrigen Dieben geschnappt worden.
Hälften av maten var borta, ryckt av de hungriga tjuvarna.
Die Huskies hatten Schlittenbindungen und Planen zerrissen.
Huskiesna hade slitit sig igenom pulkabindningar och presenningsduk.
Alles, was nach Essen roch, wurde vollständig verschlungen.
Allt som luktade mat hade slukats fullständigt.
Sie aßen ein Paar von Perraults Reisestiefeln aus Elchleder.

De åt ett par av Perraults resstövlar av älgskinn.
Sie zerkauten Lederreis und ruinierten Riemen, sodass sie nicht mehr verwendet werden konnten.
De tuggade på läderreiar och förstörde remmar som inte kunde användas.
François hörte auf, auf die zerrissene Peitsche zu starren, um nach den Hunden zu sehen.
François slutade stirra på den avslitna piskfransen för att kontrollera hundarna.
„Ah, meine Freunde", sagte er mit leiser, besorgter Stimme.
"Åh, mina vänner", sa han med låg röst och fylld av oro.
„Vielleicht verwandeln euch all diese Bisse in tollwütige Tiere."
"Kanske alla dessa bett förvandlar er till galna bestar."
„Vielleicht alles tollwütige Hunde, heiliger Scheiß! Was meinst du, Perrault?"
"Kanske alla galna hundar, min helige! Vad tycker du, Perrault?"
Perrault schüttelte den Kopf, seine Augen waren dunkel vor Sorge und Angst.
Perrault skakade på huvudet, ögonen mörka av oro och rädsla.
Zwischen ihnen und Dawson lagen noch sechshundertvierzig Kilometer.
Fyra hundra mil låg fortfarande mellan dem och Dawson.
Der Hundewahnsinn könnte nun jede Überlebenschance zerstören.
Hundgalenskap kan nu förstöra alla chanser till överlevnad.
Sie verbrachten zwei Stunden damit, zu fluchen und zu versuchen, die Ausrüstung zu reparieren.
De tillbringade två timmar med att svora och försöka laga utrustningen.
Das verwundete Team verließ schließlich gebrochen und besiegt das Lager.
Det sårade laget lämnade slutligen lägret, brutet och besegrat.
Dies war der bisher schwierigste Weg und jeder Schritt war schmerzhaft.

Detta var den svåraste leden hittills, och varje steg var smärtsamt.
Der Thirty Mile River war nicht zugefroren und rauschte wild.
Thirty Mile-floden hade inte frusit och forsade vilt.
Nur an ruhigen Stellen und in wirbelnden Wirbeln konnte das Eis halten.
Endast på lugna platser och virvlande virvlar lyckades isen hålla sig fast.
Sechs Tage harter Arbeit vergingen, bis die dreißig Meilen geschafft waren.
Sex dagar av hårt arbete förflöt innan de trettio milen var avklarade.
Jeder Kilometer des Weges barg Gefahren und Todesgefahr.
Varje kilometer av leden medförde fara och hot om död.
Die Männer und Hunde riskierten mit jedem schmerzhaften Schritt ihr Leben.
Männen och hundarna riskerade sina liv med varje smärtsamt steg.
Perrault durchbrach ein Dutzend Mal dünne Eisbrücken.
Perrault bröt igenom tunna isbroar ett dussin olika gånger.
Er trug eine Stange und ließ sie über das Loch fallen, das sein Körper hinterlassen hatte.
Han bar en stång och lät den falla tvärs över hålet hans kropp gjorde.
Mehr als einmal rettete diese Stange Perrault vor dem Ertrinken.
Mer än en gång räddade den där stången Perrault från att drunkna.
Die Kältewelle hielt an, die Lufttemperatur lag bei minus fünfzig Grad.
Köldknäppen höll i sig, luften var femtio minusgrader.
Jedes Mal, wenn er hineinfiel, musste Perrault ein Feuer anzünden, um zu überleben.
Varje gång han ramlade i var Perrault tvungen att tända en eld för att överleva.

Nasse Kleidung gefror schnell, also trocknete er sie in der Nähe der sengenden Hitze.
Våta kläder frös snabbt, så han torkade dem nära brännande hetta.
Perrault hatte nie Angst und das machte ihn zu einem Kurier.
Perrault kände aldrig någon fruktan, och det gjorde honom till kurir.
Er wurde für die Gefahr auserwählt und begegnete ihr mit stiller Entschlossenheit.
Han valdes för faran, och han mötte den med stillsam beslutsamhet.
Er drängte sich gegen den Wind vorwärts, sein runzliges Gesicht war erfroren.
Han pressade sig fram mot vinden, hans skrumpna ansikte frostbitet.
Von der Morgendämmerung bis zum Einbruch der Nacht führte Perrault sie weiter.
Från svag gryning till skymning ledde Perrault dem framåt.
Er ging auf einer schmalen Eiskante, die bei jedem Schritt knackte.
Han gick på smal iskant som sprack för varje steg.
Sie wagten nicht, anzuhalten – jede Pause hätte das Risiko eines tödlichen Zusammenbruchs bedeutet.
De vågade inte stanna – varje paus riskerade en dödlig kollaps.
Einmal brach der Schlitten durch und zog Dave und Buck hinein.
En gång bröt släden igenom och drog in Dave och Buck.
Als sie freigezogen wurden, waren beide fast erfroren.
När de släpades fria var båda nästan frusna.
Die Männer machten schnell ein Feuer, um Buck und Dave am Leben zu halten.
Männen gjorde snabbt upp en eld för att hålla Buck och Dave vid liv.
Die Hunde waren von der Nase bis zum Schwanz mit Eis bedeckt und steif wie geschnitztes Holz.

Hundarna var täckta av is från nos till svans, styva som snidat trä.

Die Männer ließen sie in der Nähe des Feuers im Kreis laufen, um ihre Körper aufzutauen.

Männen sprang dem i cirklar nära elden för att tina upp deras kroppar.

Sie kamen den Flammen so nahe, dass ihr Fell versengt wurde.

De kom så nära lågorna att deras päls brändes.

Als nächster durchbrach Spitz das Eis und zog das Team hinter sich her.

Spitz bröt sig sedan igenom isen och släpade in spannet efter sig.

Der Bruch reichte bis zu der Stelle, an der Buck zog.

Brotten nådde hela vägen upp till där Buck drog.

Buck lehnte sich weit zurück, seine Pfoten rutschten und zitterten auf der Kante.

Buck lutade sig hårt bakåt, tassarna halkade och darrade på kanten.

Dave streckte sich ebenfalls nach hinten, direkt hinter Buck auf der Leine.

Dave spände sig också bakåt, precis bakom Buck på linjen.

François zog den Schlitten, seine Muskeln knackten vor Anstrengung.

François släpade på släden, hans muskler sprack av ansträngning.

Ein anderes Mal brach das Randeis vor und hinter dem Schlitten.

En annan gång sprack isen på kanten framför och bakom släden.

Sie hatten keinen anderen Ausweg, als eine gefrorene Felswand zu erklimmen.

De hade ingen utväg förutom att klättra uppför en frusen klippvägg.

Perrault schaffte es irgendwie, die Mauer zu erklimmen; wie durch ein Wunder blieb er am Leben.

Perrault klättrade på något sätt uppför väggen; ett mirakel höll honom vid liv.
François blieb unten und betete um dasselbe Glück.
François stannade kvar nedanför och bad om samma slags tur.
Sie banden jeden Riemen, jede Zurrschnur und jede Leine zu einem langen Seil zusammen.
De knöt ihop varje rem, surrning och skena till ett enda långt rep.
Die Männer zogen jeden Hund einzeln nach oben.
Männen släpade upp varje hund, en i taget, till toppen.
François kletterte als Letzter, nach dem Schlitten und der gesamten Ladung.
François klättrade sist, efter släden och hela lasten.
Dann begann eine lange Suche nach einem Weg von den Klippen hinunter.
Sedan började ett långt sökande efter en stig ner från klipporna.
Schließlich stiegen sie mit demselben Seil ab, das sie selbst hergestellt hatten.
Till slut kom de ner med samma rep som de hade gjort.
Es wurde Nacht, als sie erschöpft und wund zum Flussbett zurückkehrten.
Natten föll när de återvände till flodbädden, utmattade och ömma.
Der ganze Tag hatte ihnen nur eine Viertelmeile Gewinn eingebracht.
De hade tagit en hel dag på sig att bara tillryggalägga en kvarts mil.
Als sie das Hootalinqua erreichten, war Buck erschöpft.
När de nådde Hootalinqua var Buck utmattad.
Die anderen Hunde litten ebenso sehr unter den Bedingungen auf dem Trail.
De andra hundarna led lika illa av förhållandena på stigen.
Aber Perrault musste Zeit gutmachen und trieb sie jeden Tag weiter an.
Men Perrault behövde återhämta sig tid och pressade dem på varje dag.

Am ersten Tag reisten sie dreißig Meilen nach Big Salmon.
Den första dagen reste de trettio mil till Big Salmon.
Am nächsten Tag reisten sie fünfunddreißig Meilen nach Little Salmon.
Nästa dag reste de trettiofem mil till Little Salmon.
Am dritten Tag kämpften sie sich durch sechzig Kilometer lange, eisige Strecken.
På tredje dagen färdades de igenom fyrtio långa frusna mil.
Zu diesem Zeitpunkt näherten sie sich der Siedlung Five Fingers.
Vid det laget närmade de sig bosättningen Five Fingers.

Bucks Füße waren weicher als die harten Füße der einheimischen Huskys.
Bucks fötter var mjukare än de hårda fötterna hos inhemska huskies.
Seine Pfoten waren im Laufe vieler zivilisierter Generationen zart geworden.
Hans tassar hade blivit möra under många civiliserade generationer.
Vor langer Zeit wurden seine Vorfahren von Flussmännern oder Jägern gezähmt.
För länge sedan hade hans förfäder tämjts av flodmän eller jägare.
Jeden Tag humpelte Buck unter Schmerzen und ging auf wunden, schmerzenden Pfoten.
Varje dag haltade Buck av smärta och gick på råa, värkande tassar.
Im Lager fiel Buck wie eine leblose Gestalt in den Schnee.
I lägret föll Buck ner som en livlös skepnad på snön.
Obwohl Buck am Verhungern war, stand er nicht auf, um sein Abendessen einzunehmen.
Fastän Buck var utsvulten, steg han inte upp för att äta sitt kvällsmål.
François brachte Buck seine Ration und legte ihm Fisch neben die Schnauze.
François gav Buck sin ranson och lade fisk vid nosen.

Jeden Abend massierte der Fahrer Bucks Füße eine halbe Stunde lang.
Varje kväll gnuggade kusken Bucks fötter i en halvtimme.
François hat sogar seine eigenen Mokassins zerschnitten, um daraus Hundeschuhe zu machen.
François skar till och med upp sina egna mockasiner för att göra hundskor.
Vier warme Schuhe waren für Buck eine große und willkommene Erleichterung.
Fyra varma skor gav Buck en stor och välkommen lättnad.
Eines Morgens vergaß François die Schuhe und Buck weigerte sich aufzustehen.
En morgon glömde François skorna, och Buck vägrade att resa sig.
Buck lag auf dem Rücken, die Füße in der Luft, und wedelte mitleiderregend damit herum.
Buck låg på rygg med fötterna i vädret och viftade ynkligt med dem.
Sogar Perrault grinste beim Anblick von Bucks dramatischer Bitte.
Till och med Perrault flinade vid åsynen av Bucks dramatiska vädjan.
Bald wurden Bucks Füße hart und die Schuhe konnten weggeworfen werden.
Snart blev Bucks fötter hårda, och skorna kunde slängas.
In Pelly stieß Dolly beim Angeschirrtwerden ein schreckliches Heulen aus.
Vid Pelly, under seletiden, gav Dolly ifrån sig ett fruktansvärt ylande.
Der Schrei war lang und voller Wahnsinn und erschütterte jeden Hund.
Ropet var långt och fyllt av galenskap och skakade varje hund.
Jeder Hund zuckte vor Angst zusammen, ohne den Grund zu kennen.
Varje hund rystede av rädsla utan att veta orsaken.
Dolly war verrückt geworden und stürzte sich direkt auf Buck.

Dolly hade blivit galen och kastat sig rakt på Buck.
Buck hatte noch nie Wahnsinn gesehen, aber sein Herz war von Entsetzen erfüllt.
Buck hade aldrig sett galenskap, men fasa fyllde hans hjärta.
Ohne nachzudenken, drehte er sich um und floh in absoluter Panik.
Utan att tänka på det vände han sig om och flydde i ren panik.
Dolly jagte ihm hinterher, ihre Augen waren wild, Speichel spritzte aus ihrem Maul.
Dolly jagade honom, hennes blick var vilda, och saliv flög från hennes käkar.
Sie blieb direkt hinter Buck, holte nie auf und fiel nie zurück.
Hon höll sig tätt bakom Buck, utan att komma ikapp och utan att backa.
Buck rannte durch den Wald, die Insel hinunter und über zerklüftetes Eis.
Buck sprang genom skogen, nerför ön, över ojämn is.
Er überquerte die Insel und erreichte eine weitere, bevor er im Kreis zurück zum Fluss ging.
Han gick över till en ö, sedan en annan, och gick sedan tillbaka till floden.
Dolly jagte ihn immer noch und knurrte ihn bei jedem Schritt an.
Dolly jagade honom fortfarande, morrande tätt bakom vid varje steg.
Buck konnte ihren Atem und ihre Wut hören, obwohl er es nicht wagte, zurückzublicken.
Buck kunde höra hennes andetag och raseri, fast han vågade inte se sig om.
François rief aus der Ferne und Buck drehte sich in die Richtung der Stimme um.
ropade François på avstånd, och Buck vände sig mot rösten.
Immer noch nach Luft schnappend rannte Buck vorbei und setzte seine ganze Hoffnung auf François.
Fortfarande kippande efter luft sprang Buck förbi och satte allt hopp till François.

Der Hundeführer hob eine Axt und wartete, während Buck vorbeiflog.
Hundföraren höjde en yxa och väntade medan Buck flög förbi.
Die Axt kam schnell herunter und traf Dollys Kopf mit tödlicher Wucht.
Yxan föll ner snabbt och träffade Dollys huvud med dödlig kraft.
Buck brach neben dem Schlitten zusammen, keuchte und konnte sich nicht bewegen.
Buck kollapsade nära släden, väsande andning och oförmögen att röra sig.
In diesem Moment hatte Spitz die Chance, einen erschöpften Gegner zu schlagen.
Det ögonblicket gav Spitz hans chans att slå till mot en utmattad motståndare.
Zweimal biss er Buck und riss das Fleisch bis auf den weißen Knochen auf.
Två gånger bet han Buck och slet ända ner till det vita benet.
François' Peitsche knallte und traf Spitz mit voller, wütender Wucht.
François piska knäcktes och träffade Spitz med full, rasande kraft.
Buck sah mit Freude zu, wie Spitz seine bisher härteste Tracht Prügel bekam.
Buck såg med glädje på när Spitz fick sin hårdaste stryk hittills.
„Er ist ein Teufel, dieser Spitz", murmelte Perrault düster vor sich hin.
"Han är en djävul, den där Spitzen", mumlade Perrault dystert för sig själv.
„Eines Tages wird dieser verfluchte Hund Buck töten – das schwöre ich."
"Snart kommer den där förbannade hunden att döda Buck – jag lovar."
„Dieser Buck hat zwei Teufel in sich", antwortete François mit einem Nicken.

"Den där Buck har två djävlar i sig", svarade François med en nick.

„Wenn ich Buck beobachte, weiß ich, dass etwas Wildes in ihm lauert."

"När jag ser Buck vet jag att något vildsint väntar inom honom."

„Eines Tages wird er rasend vor Wut werden und Spitz in Stücke reißen."

"En dag blir han galen som eld och sliter Spitz i bitar."

„Er wird den Hund zerkauen und ihn auf den gefrorenen Schnee spucken."

"Han kommer att tugga sönder hunden och spotta honom på den frusna snön."

„Das weiß ich ganz sicher tief in meinem Innern."

"Javisst, det här vet jag innerst inne."

Von diesem Moment an befanden sich die beiden Hunde im Krieg.

Från det ögonblicket och framåt var de två hundarna instängda i krig.

Spitz führte das Team an und hatte die Macht, aber Buck stellte das in Frage.

Spitz ledde laget och hade makten, men Buck ifrågasatte det.

Spitz sah seinen Rang durch diesen seltsamen Fremden aus dem Süden bedroht.

Spitz såg sin rang hotad av denne märklige främling från Sydlandet.

Buck war anders als alle Südstaatenhunde, die Spitz zuvor gekannt hatte.

Buck var olik alla andra sydstatshundar som Spitz hade känt till tidigare.

Die meisten von ihnen scheiterten – sie waren zu schwach, um Kälte und Hunger zu überleben.

De flesta av dem misslyckades – för svaga för att överleva kyla och hunger.

Sie starben schnell unter der harten Arbeit, dem Frost und der langsamen Hungersnot.

De dog snabbt under arbete, frost och hungersnödens
långsamma brinnande.
**Buck stand abseits – mit jedem Tag stärker, klüger und
wilder.**
Buck stack ut – starkare, smartare och vildare för varje dag.
**Er gedieh trotz aller Härte und wuchs heran, bis er den
nördlichen Huskies ebenbürtig war.**
Han trivdes i svårigheter och växte upp för att matcha de
norra huskiesna.
**Buck hatte Kraft, wilde Geschicklichkeit und einen
geduldigen, tödlichen Instinkt.**
Buck hade styrka, vild skicklighet och en tålmodig, dödlig
instinkt.
**Der Mann mit der Keule hatte Buck die Unbesonnenheit
ausgetrieben.**
Mannen med klubban hade slagit ur Buck den obetänksamma
förhastighet.
**Die blinde Wut war verschwunden und durch stille
Gerissenheit und Kontrolle ersetzt worden.**
Blind ilska var borta, ersatt av tyst slughet och kontroll.
**Er wartete ruhig und ursprünglich und wartete auf den
richtigen Moment.**
Han väntade, lugn och primal, och väntade på rätt ögonblick.
**Ihr Kampf um die Vorherrschaft wurde unvermeidlich und
deutlich.**
Deras kamp om befälet blev oundviklig och tydlig.
**Buck strebte nach einer Führungsposition, weil sein Geist es
verlangte.**
Buck önskade ledarskap eftersom hans anda krävde det.
**Er wurde von dem seltsamen Stolz getrieben, der aus der
Jagd und dem Geschirr entstand.**
Han drevs av den säregna stoltheten som föddes ur stig och
sele.
**Dieser Stolz ließ die Hunde ziehen, bis sie im Schnee
zusammenbrachen.**
Den stoltheten fick hundar att dra tills de kollapsade i snön.
Der Stolz verleitete sie dazu, all ihre Kraft einzusetzen.

Stolthet lockade dem att ge all den styrka de hade.
Stolz kann einen Schlittenhund sogar in den Tod treiben.
Stolthet kan locka en slädhund ända till döden.
Der Verlust des Geschirrs ließ die Hunde gebrochen und ziellos zurück.
Att tappa selen lämnade hundarna trasiga och utan syfte.
Das Herz eines Schlittenhundes kann vor Scham brechen, wenn er in den Ruhestand geht.
En slädhunds hjärta kan krossas av skam när den går i pension.
Dave lebte von diesem Stolz, während er den Schlitten hinter sich herzog.
Dave levde efter den stoltheten medan han släpade släden bakifrån.
Auch Solleks gab mit grimmiger Stärke und Loyalität alles.
Även Solleks gav allt med dyster styrka och lojalitet.
Jeden Morgen verwandelte der Stolz ihre Verbitterung in Entschlossenheit.
Varje morgon förvandlade stoltheten dem från bittra till beslutsamma.
Sie drängten den ganzen Tag und verstummten dann am Ende des Lagers.
De pressade på hela dagen, sedan tystnade de vid slutet av lägret.
Dieser Stolz gab Spitz die Kraft, Drückeberger zur Räson zu bringen.
Den stoltheten gav Spitz styrkan att före smygarna in i kön.
Spitz fürchtete Buck, weil Buck denselben tiefen Stolz in sich trug.
Spitz fruktade Buck eftersom Buck bar samma djupa stolthet.
Bucks Stolz wandte sich nun gegen Spitz, und er ließ nicht locker.
Bucks stolthet rörde sig nu mot Spitz, och han stannade inte.
Buck widersetzte sich Spitz' Macht und hinderte ihn daran, Hunde zu bestrafen.
Buck trotsade Spitz makt och hindrade honom från att straffa hundar.

Als andere versagten, stellte sich Buck zwischen sie und ihren Anführer.
När andra misslyckades, ställde Buck sig mellan dem och deras ledare.
Er tat dies mit Absicht und brachte seine Herausforderung offen und deutlich zum Ausdruck.
Han gjorde detta med avsikt och gjorde sin utmaning öppen och tydlig.
In einer Nacht hüllte schwerer Schnee die Welt in tiefe Stille.
En natt täckte tung snö världen i djup tystnad.
Am nächsten Morgen stand Pike, faul wie immer, nicht zur Arbeit auf.
Nästa morgon gick Pike, lat som alltid, inte upp för att arbeta.
Er blieb in seinem Nest unter einer dicken Schneeschicht verborgen.
Han höll sig gömd i sitt bo under ett tjockt lager snö.
François rief und suchte, konnte den Hund jedoch nicht finden.
François ropade och letade, men kunde inte hitta hunden.
Spitz wurde wütend und stürmte durch das schneebedeckte Lager.
Spitz blev rasande och stormade genom det snötäckta lägret.
Er knurrte und schnüffelte und grub wie verrückt mit flammenden Augen.
Han morrade och snörvlade, grävde vilt med flammande ögon.
Seine Wut war so heftig, dass Pike vor Angst unter dem Schnee zitterte.
Hans raseri var så våldsamt att Pike skakade under snön av skräck.
Als Pike schließlich gefunden wurde, stürzte sich Spitz auf den versteckten Hund, um ihn zu bestrafen.
När Pike äntligen hittades, kastade Spitz sig ut för att straffa den gömda hunden.
Doch Buck sprang mit einer Wut zwischen sie, die Spitz' eigener ebenbürtig war.

Men Buck sprang emellan dem med en raseri lika med Spitz egen.

Der Angriff erfolgte so plötzlich und geschickt, dass Spitz umfiel.
Attacken var så plötslig och listig att Spitz föll av fötterna.

Pike, der gezittert hatte, schöpfte aus diesem Trotz neuen Mut.
Pike, som hade skakat, hämtade mod från detta trots.

Er sprang auf den gefallenen Spitz und folgte Bucks mutigem Beispiel.
Han hoppade upp på den fallna Spitzen och följde Bucks djärva exempel.

Buck, der nicht länger an Fairness gebunden war, beteiligte sich am Angriff auf Spitz.
Buck, inte längre bunden av rättvisa, anslöt sig till strejken mot Spitz.

François, amüsiert, aber dennoch diszipliniert, schwang seine schwere Peitsche.
François, road men bestämd i sin disciplin, svingade sin tunga piskslag.

Er schlug Buck mit aller Kraft, um den Kampf zu beenden.
Han slog Buck med all sin kraft för att avbryta striden.

Buck weigerte sich, sich zu bewegen und blieb auf dem gefallenen Anführer sitzen.
Buck vägrade att röra sig och stannade kvar ovanpå den fallna ledaren.

Dann benutzte François den Griff der Peitsche und schlug Buck damit heftig.
François använde sedan piskan och slog Buck hårt.

Buck taumelte unter dem Schlag und fiel zurück.
Vacklande av slaget föll Buck bakåt under attacken.

François schlug immer wieder zu, während Spitz Pike bestrafte.
François slog till om och om igen medan Spitz straffade Pike.

Die Tage vergingen und Dawson City kam immer näher.
Dagarna gick, och Dawson City kom närmare och närmare.

Buck mischte sich immer wieder ein und schlüpfte zwischen Spitz und andere Hunde.
Buck fortsatte att lägga sig i och gled mellan Spitz och de andra hundarna.
Er wählte seine Momente gut und wartete immer darauf, dass François ging.
Han valde sina ögonblick väl och väntade alltid på att François skulle gå.
Bucks stille Rebellion breitete sich aus und im Team breitete sich Unordnung aus.
Bucks tysta uppror spred sig, och oordning slog rot i laget.
Dave und Solleks blieben loyal, andere jedoch wurden widerspenstig.
Dave och Solleks förblev lojala, men andra blev ostyriga.
Die Situation im Team wurde immer schlimmer – es wurde unruhig, streitsüchtig und geriet aus der Reihe.
Laget blev värre – rastlöst, grälsjukt och ur led.
Nichts lief mehr reibungslos und es kam immer wieder zu Streit.
Ingenting fungerade längre smidigt, och slagsmål blev vanliga.
Buck blieb im Zentrum des Chaos und provozierte ständig Unruhe.
Buck stannade i kärnan av oroligheterna och provocerade ständigt fram oroligheter.
François blieb wachsam, aus Angst vor dem Kampf zwischen Buck und Spitz.
François förblev vaken, rädd för slagsmålet mellan Buck och Spitz.
Jede Nacht wurde er durch Rangeleien geweckt, aus Angst, dass es endlich losgehen würde.
Varje natt väckte han bråk, av rädsla för att början äntligen var inne.
Er sprang aus seiner Robe, bereit, den Kampf zu beenden.
Han hoppade av sin mantel, redo att avbryta striden.
Aber der Moment kam nie und sie erreichten schließlich Dawson.

Men ögonblicket kom aldrig, och de nådde äntligen Dawson.
Das Team betrat die Stadt an einem trüben Nachmittag, angespannt und still.
Teamet kom in i staden en dyster eftermiddag, spänt och tyst.
Der große Kampf um die Führung hing noch immer in der eisigen Luft.
Den stora striden om ledarskapet hängde fortfarande i den frusna luften.
Dawson war voller Männer und Schlittenhunde, die alle mit der Arbeit beschäftigt waren.
Dawson var full av män och slädhundar, alla upptagna med arbete.
Buck beobachtete die Hunde von morgens bis abends beim Lastenziehen.
Buck såg hundarna dra lass från morgon till kväll.
Sie transportierten Baumstämme und Brennholz und lieferten Vorräte an die Minen.
De transporterade stockar och ved och fraktade förnödenheter till gruvorna.
Wo früher im Süden Pferde arbeiteten, schufteten heute Hunde.
Där hästar en gång arbetade i Southland, arbetade nu hundar.
Buck sah einige Hunde aus dem Süden, aber die meisten waren wolfsähnliche Huskys.
Buck såg några hundar från södern, men de flesta var varglika huskyer.
Nachts erhoben die Hunde pünktlich zum ersten Mal ihre Stimmen zum Singen.
På natten, som ett urverk, höjde hundarna sina röster i sång.
Um neun, um Mitternacht und erneut um drei begann der Gesang.
Klockan nio, vid midnatt och återigen klockan tre började sången.
Buck liebte es, in ihren unheimlichen Gesang einzustimmen, der wild und uralt klang.
Buck älskade att sällskapa till deras kusliga sång, vild och uråldrig i klangen.

Das Polarlicht flammte, die Sterne tanzten und das Land war mit Schnee bedeckt.
Norrskenet flammade, stjärnorna dansade och snö täckte landet.
Der Gesang der Hunde erhob sich als Aufschrei gegen die Stille und die bittere Kälte.
Hundarnas sång höjdes som ett rop mot tystnaden och den bittra kylan.
Doch in jedem langen Ton ihres Heulens war Trauer und nicht Trotz zu hören.
Men deras ylande rymde sorg, inte trots, i varje lång ton.
Jeder Klageschrei war voller Flehen; die Last des Lebens selbst.
Varje klagan var fullt av vädjan; själva livets börda.
Dieses Lied war alt – älter als Städte und älter als Feuer
Den sången var gammal – äldre än städer och äldre än bränder
Dieses Lied war sogar älter als die Stimmen der Menschen.
Den sången var äldre än till och med människors röster.
Es war ein Lied aus der jungen Welt, als alle Lieder traurig waren.
Det var en sång från den unga världen, när alla sånger var sorgliga.
Das Lied trug den Kummer unzähliger Hundegenerationen in sich.
Sången bar med sig sorg från otaliga generationer av hundar.
Buck spürte die Melodie tief und stöhnte vor jahrhundertealtem Schmerz.
Buck kände melodin djupt, stönande av smärta rotad i tidsåldrarna.
Er schluchzte aus einem Kummer, der so alt war wie das wilde Blut in seinen Adern.
Han snyftade av en sorg lika gammal som det vilda blodet i hans ådror.
Die Kälte, die Dunkelheit und das Geheimnisvolle berührten Bucks Seele.
Kylan, mörkret och mystiken berörde Bucks själ.

Dieses Lied bewies, wie weit Buck zu seinen Ursprüngen zurückgekehrt war.
Den sången bevisade hur långt Buck hade återvänt till sina ursprung.
Durch Schnee und Heulen hatte er den Anfang seines eigenen Lebens gefunden.
Genom snö och ylande hade han funnit början på sitt eget liv.

Sieben Tage nach ihrer Ankunft in Dawson brachen sie erneut auf.
Sju dagar efter ankomsten till Dawson gav de sig av igen.
Das Team verließ die Kaserne und fuhr hinunter zum Yukon Trail.
Teamet släppte från barackerna ner till Yukon Trail.
Sie begannen die Rückreise nach Dyea und Salt Water.
De började resan tillbaka mot Dyea och Salt Water.
Perrault überbrachte noch dringlichere Depeschen als zuvor.
Perrault bar depescher ännu mer brådskande än tidigare.
Auch ihn packte der Trail-Stolz, und er wollte einen Rekord aufstellen.
Han greps också av stigstolthet och siktade på att sätta rekord.
Diesmal hatte Perrault mehrere Vorteile.
Den här gången var flera fördelar på Perraults sida.
Die Hunde hatten eine ganze Woche lang geruht und ihre Kräfte wiedererlangt.
Hundarna hade vilat i en hel vecka och återfått sin styrka.
Die Spur, die sie gebahnt hatten, wurde nun von anderen festgestampft.
Spåret de hade brutit var nu hårt packat av andra.
An manchen Stellen hatte die Polizei Futter für Hunde und Menschen gelagert.
På sina ställen hade polisen förvarat mat åt både hundar och män.
Perrault reiste mit leichtem Gepäck und bewegte sich schnell, ohne dass ihn etwas belastete.
Perrault färdades lätt, rörde sig snabbt och hade lite som tyngde ner honom.

Sie erreichten Sixty-Mile, eine Strecke von achtzig Kilometern, noch in der ersten Nacht.
De nådde Sixty-Mile, en löprunda på åtta kilometer, redan den första natten.
Am zweiten Tag eilten sie den Yukon hinauf nach Pelly.
På den andra dagen rusade de uppför Yukon mot Pelly.
Doch dieser tolle Fortschritt war für François mit vielen Strapazen verbunden.
Men sådana fina framsteg medförde stora påfrestningar för François.
Bucks stille Rebellion hatte die Disziplin des Teams zerstört.
Bucks tysta uppror hade krossat lagets disciplin.
Sie zogen nicht mehr wie ein Tier an den Zügeln.
De drog inte längre åt samma håll som ett enda odjur i tyglarna.
Buck hatte durch sein mutiges Beispiel andere zum Trotz verleitet.
Buck hade lett andra till trots genom sitt djärva exempel.
Spitz' Befehl stieß weder auf Furcht noch auf Respekt.
Spitz befallning möttes inte längre med fruktan eller respekt.
Die anderen verloren ihre Ehrfurcht vor ihm und wagten es, sich seiner Herrschaft zu widersetzen.
De andra förlorade sin vördnad för honom och vågade göra motstånd mot hans styre.
Eines Nachts stahl Pike einen halben Fisch und aß ihn vor Bucks Augen.
En natt stal Pike en halv fisk och åt den mitt framför Bucks öga.
In einer anderen Nacht kämpften Dub und Joe gegen Spitz und blieben ungestraft.
En annan natt slogs Dub och Joe mot Spitz och klarade sig ostraffade.
Sogar Billee jammerte weniger süß und zeigte eine neue Schärfe.
Till och med Billee gnällde mindre sött och visade ny skärpa.

Buck knurrte Spitz jedes Mal an, wenn sich ihre Wege kreuzten.
Buck morrade åt Spitz varje gång de korsade vägar.
Bucks Haltung wurde dreist und bedrohlich, fast wie die eines Tyrannen.
Bucks attityd blev djärv och hotfull, nästan som en översittare.
Mit stolzgeschwellter Brust und voller spöttischer Bedrohung schritt er vor Spitz auf und ab.
Han gick fram och tillbaka framför Spitz med en bravur, full av hånfulla hot.
Dieser Zusammenbruch der Ordnung breitete sich auch unter den Schlittenhunden aus.
Det ordningens kollaps spred sig även bland slädhundarna.
Sie stritten und stritten mehr denn je und erfüllten das Lager mit Lärm.
De slogs och grälade mer än någonsin, och fyllde lägret med oväsen.
Das Lagerleben verwandelte sich jede Nacht in ein wildes, heulendes Chaos.
Lägerlivet förvandlades till ett vilt, ylande kaos varje natt.
Nur Dave und Solleks blieben ruhig und konzentriert.
Endast Dave och Solleks förblev stadiga och fokuserade.
Doch selbst sie wurden durch die ständigen Schlägereien ungehalten.
Men även de blev korta till mods av de ständiga bråken.
François fluchte in fremden Sprachen und stampfte frustriert auf.
François svor på främmande språk och stampade i frustration.
Er riss sich die Haare aus und schrie, während der Schnee unter seinen Füßen wirbelte.
Han slet sig i håret och skrek medan snön flög under fötterna.
Seine Peitsche knallte über das Rudel, konnte es aber kaum in Schach halten.
Hans piska smällde över flocken men höll dem nätt och jämnt i ledet.
Immer wenn er sich umdrehte, brachen die Kämpfe erneut aus.

Varje gång han vände ryggen till utbröt striderna igen.
François setzte die Peitsche für Spitz ein, während Buck die Rebellen anführte.
François använde pisklaget för Spitz, medan Buck ledde rebellerna.
Jeder kannte die Rolle des anderen, aber Buck vermied jegliche Schuldzuweisungen.
Båda kände till den andres roll, men Buck undvek all skuld.
François hat Buck nie dabei erwischt, wie er eine Schlägerei anfing oder sich vor seiner Arbeit drückte.
François ertappade aldrig Buck med att starta ett bråk eller smita från sitt jobb.
Buck arbeitete hart im Geschirr – die Mühe erfüllte ihn jetzt mit Begeisterung.
Buck arbetade hårt i sele – slitet upprörde nu hans ande.
Doch noch mehr Freude bereitete ihm das Anzetteln von Kämpfen und Chaos im Lager.
Men han fann ännu större glädje i att skapa bråk och kaos i lägret.

Eines Abends schreckte Dub an der Mündung des Tahkeena ein Kaninchen auf.
En kväll vid Tahkeenas mynning skrämde Dub en kanin.
Er verpasste den Fang und das Schneeschuhkaninchen sprang davon.
Han missade fångsten, och snöskokaninen sprang iväg.
Innerhalb von Sekunden nahm das gesamte Schlittenteam unter wildem Geschrei die Verfolgung auf.
På några sekunder gav hela slädteamet efter under vilda rop.
In der Nähe beherbergte ein Lager der Northwest Police fünfzig Huskys.
I närheten fanns ett polisläger för nordvästra USA, där femtio huskyhundar fanns.
Sie schlossen sich der Jagd an und stürmten gemeinsam den zugefrorenen Fluss hinunter.
De anslöt sig till jakten och for nerför den frusna floden tillsammans.

Das Kaninchen verließ den Fluss und floh in ein gefrorenes Bachbett.
Kaninen svängde av floden och flydde uppför en frusen bäckfåra.
Das Kaninchen hüpfte leichtfüßig über den Schnee, während die Hunde sich durchkämpften.
Kaninen hoppade lätt över snön medan hundarna kämpade sig fram.
Buck führte das riesige Rudel von sechzig Hunden um jede Kurve.
Buck ledde den massiva flocken på sextio hundar runt varje slingrande krök.
Er drängte tief und eifrig vorwärts, konnte jedoch keinen Boden gutmachen.
Han trängde sig framåt, lågt och ivrigt, men kunde inte vinna mark.
Bei jedem kraftvollen Sprung blitzte sein Körper im blassen Mondlicht auf.
Hans kropp blixtrade under den bleka månen vid varje kraftfullt språng.
Vor uns bewegte sich das Kaninchen wie ein Geist, lautlos und zu schnell, um es einzufangen.
Framför rörde sig kaninen som ett spöke, tyst och för snabb för att kunna fånga den.
All diese alten Instinkte – der Hunger, der Nervenkitzel – durchströmten Buck.
Alla de där gamla instinkterna – hungern, spänningen – rusade genom Buck.
Manchmal verspüren Menschen diesen Instinkt und werden dazu getrieben, mit Gewehr und Kugel zu jagen.
Människor känner ibland denna instinkt, drivna att jaga med gevär och kula.
Aber Buck empfand dieses Gefühl auf einer tieferen und persönlicheren Ebene.
Men Buck kände den här känslan på ett djupare och mer personligt plan.

Sie konnten die Wildnis nicht in ihrem Blut spüren, so wie Buck sie spüren konnte.
De kunde inte känna vildmarken i sitt blod på samma sätt som Buck kunde känna den.
Er jagte lebendes Fleisch, bereit, mit seinen Zähnen zu töten und Blut zu schmecken.
Han jagade levande kött, redo att döda med tänderna och smaka blod.
Sein Körper spannte sich vor Freude, er wollte in warmem, rotem Leben baden.
Hans kropp ansträngde sig av glädje, och ville bada i varmt rött liv.
Eine seltsame Freude markiert den höchsten Punkt, den das Leben jemals erreichen kann.
En märklig glädje markerar den högsta punkt livet någonsin kan nå.
Das Gefühl eines Gipfels, bei dem die Lebenden vergessen, dass sie überhaupt am Leben sind.
Känslan av en topp där de levande glömmer att de ens lever.
Diese tiefe Freude berührt den Künstler, der sich in glühender Inspiration verliert.
Denna djupa glädje berör konstnären som är förlorad i flammande inspiration.
Diese Freude ergreift den Soldaten, der wild kämpft und keinen Feind verschont.
Denna glädje griper soldaten som kämpar vilt och inte skonar någon fiende.
Diese Freude erfasste nun Buck, der das Rudel mit seinem Urhunger anführte.
Denna glädje krävde nu Buck då han ledde flocken i urhunger.
Er heulte mit dem uralten Wolfsschrei, aufgeregt durch die lebendige Jagd.
Han ylade med det urgamla vargskriet, hänförd av den levande jakten.
Buck hat den ältesten Teil seiner selbst angezapft, der in der Wildnis verloren war.

Buck utnyttjade den äldsta delen av sig själv, förlorad i vildmarken.

Er griff tief in sein Inneres, in die Vergangenheit, in die raue, uralte Zeit.

Han nådde djupt in i det förflutna, in i den råa, uråldriga tiden.

Eine Welle puren Lebens durchströmte jeden Muskel und jede Sehne.

En våg av rent liv vällde genom varje muskel och sena.

Jeder Sprung schrie, dass er lebte, dass er durch den Tod ging.

Varje hopp ropade att han levde, att han rörde sig genom döden.

Sein Körper schwebte freudig über stilles, kaltes Land, das sich nie regte.

Hans kropp svävade glädjefyllt över det stilla, kalla, orörda landet.

Spitz blieb selbst in seinen wildesten Momenten kalt und listig.

Spitz förblev kall och listig, även i sina vildaste stunder.

Er verließ den Pfad und überquerte das Land, wo der Bach eine weite Biegung machte.

Han lämnade leden och korsade mark där bäcken svängde sig vid.

Buck, der davon nichts wusste, blieb auf dem gewundenen Pfad des Kaninchens.

Buck, omedveten om detta, stannade kvar på kaninens slingrande stig.

Dann, als Buck um eine Kurve bog, stand das geisterhafte Kaninchen vor ihm.

Sedan, när Buck rundade en kurva, stod den spöklika kaninen framför honom.

Er sah, wie eine zweite Gestalt vor der Beute vom Ufer sprang.

Han såg en andra figur hoppa från stranden framför bytet.

Bei der Gestalt handelte es sich um Spitz, der direkt auf dem Weg des fliehenden Kaninchens landete.

Figuren var Spitz, som landade precis i den flyende kaninens väg.
Das Kaninchen konnte sich nicht umdrehen und traf mitten in der Luft auf Spitz' Kiefer.
Kaninen kunde inte vända sig om och mötte Spitzs käkar i luften.
Das Rückgrat des Kaninchens brach mit einem Schrei, der so scharf war wie der Schrei eines sterbenden Menschen.
Kaninens ryggrad bröts av med ett skrik lika skarpt som en döende människas rop.
Bei diesem Geräusch – dem Sturz vom Leben in den Tod – heulte das Rudel laut auf.
Vid det ljudet – fallet från liv till död – ylade flocken högt.
Hinter Buck erhob sich ein wilder Chor voller dunkler Freude.
En vild kör höjdes bakom Buck, full av mörk glädje.
Buck gab keinen Schrei von sich, keinen Laut, und stürmte direkt auf Spitz zu.
Buck ropade inte, inget ljud, och stormade rakt in i Spitz.
Er zielte auf die Kehle, traf aber stattdessen die Schulter.
Han siktade på halsen, men träffade istället axeln.
Sie stürzten durch den weichen Schnee, ihre Körper waren in einen Kampf verstrickt.
De tumlade genom mjuk snö; deras kroppar var upptagna i strid.
Spitz sprang schnell auf, als wäre er nie niedergeschlagen worden.
Spitz sprang snabbt upp, som om han aldrig hade blivit nedslagen.
Er schlug auf Bucks Schulter und sprang dann aus dem Kampf.
Han högg Buck i axeln och sprang sedan undan ur striden.
Zweimal schnappten seine Zähne wie Stahlfallen, seine Lippen waren grimmig gekräuselt.
Två gånger knäppte hans tänder som stålfällor, läpparna var böjda och vildsint.

Er wich langsam zurück und suchte festen Boden unter seinen Füßen.
Han backade långsamt undan och sökte fast mark under fötterna.
Buck verstand den Moment sofort und vollkommen.
Buck förstod ögonblicket omedelbart och helt.
Die Zeit war gekommen; der Kampf würde ein Kampf auf Leben und Tod werden.
Tiden var inne; kampen skulle bli en kamp till döden.
Die beiden Hunde umkreisten knurrend den Raum, legten die Ohren an und kniffen die Augen zusammen.
De två hundarna cirkulerade, morrade, med platta öron och sammanbitna ögon.
Jeder Hund wartete darauf, dass der andere Schwäche zeigte oder einen Fehltritt machte.
Varje hund väntade på att den andra skulle visa svaghet eller felsteg.
Buck hatte ein unheimliches Gefühl, die Szene zu kennen und tief in Erinnerung zu behalten.
För Buck kändes scenen kusligt välkänd och djupt ihågkommen.
Die weißen Wälder, die kalte Erde, die Schlacht im Mondlicht.
De vita skogarna, den kalla jorden, striden i månskenet.
Eine schwere Stille erfüllte das Land, tief und unnatürlich.
En tung tystnad fyllde landet, djup och onaturlig.
Kein Wind regte sich, kein Blatt bewegte sich, kein Geräusch unterbrach die Stille.
Ingen vind rörde sig, inget löv rörde sig, inget ljud bröt stillheten.
Der Atem der Hunde stieg wie Rauch in die eiskalte, stille Luft.
Hundarnas andetag steg som rök i den frusna, tysta luften.
Das Kaninchen war von der Meute der wilden Tiere längst vergessen.
Kaninen var länge glömd av flocken av vilda djur.

Diese halb gezähmten Wölfe standen nun still in einem weiten Kreis.
Dessa halvtämjda vargar stod nu stilla i en vid cirkel.
Sie waren still, nur ihre leuchtenden Augen verrieten ihren Hunger.
De var tysta, bara deras glödande ögon avslöjade deras hunger.
Ihr Atem stieg auf, als sie den Beginn des Endkampfes beobachteten.
Deras andetag gled uppåt, medan de såg den sista striden börja.
Für Buck war dieser Kampf alt und erwartet, überhaupt nicht ungewöhnlich.
För Buck var denna strid gammal och väntad, inte alls konstig.
Es fühlte sich an wie die Erinnerung an etwas, das schon immer passieren sollte.
Det kändes som ett minne av något som alltid varit menat att hända.
Spitz war ein ausgebildeter Kampfhund, gestählt durch zahllose wilde Schlägereien.
Spitz var en tränad kamphund, finslipad genom otaliga vilda slagsmål.
Von Spitzbergen bis Kanada hatte er viele Feinde besiegt.
Från Spetsbergen till Kanada hade han besegrat många fiender.
Er war voller Wut, ließ seiner Wut jedoch nie freien Lauf.
Han var fylld av ilska, men gav aldrig kontroll över raseriet.
Seine Leidenschaft war scharf, aber immer durch einen harten Instinkt gemildert.
Hans passion var skarp, men alltid mildrad av hård instinkt.
Er griff nie an, bis seine eigene Verteidigung stand.
Han anföll aldrig förrän hans eget försvar var på plats.
Buck versuchte immer wieder, Spitz' verwundbaren Hals zu erreichen.
Buck försökte gång på gång nå Spitzs sårbara nacke.
Doch jeder Schlag wurde von Spitz' scharfen Zähnen mit einem Hieb beantwortet.

Men varje hugg möttes av ett hugg från Spitz vassa tänder.
Ihre Reißzähne prallten aufeinander und beide Hunde bluteten aus den aufgerissenen Lippen.
Deras huggtänder krockade, och båda hundarna blödde från sönderrivna läppar.
Egal, wie sehr Buck sich auch wehrte, er konnte die Verteidigung nicht durchbrechen.
Hur Buck än kastade sig fram kunde han inte bryta igenom försvaret.
Er wurde immer wütender und stürmte mit wilden Kraftausbrüchen hinein.
Han blev alltmer rasande och stormade in med vilda maktutbrott.
Immer wieder schlug Buck nach der weißen Kehle von Spitz.
Om och om igen slog Buck efter Spitz vita strupe.
Jedes Mal wich Spitz aus und schlug mit einem schneidenden Biss zurück.
Varje gång undvek Spitz och slog tillbaka med ett skärande bett.
Dann änderte Buck seine Taktik und stürzte sich erneut darauf, als wolle er ihm die Kehle zu Leibe rücken.
Sedan ändrade Buck taktik och rusade som för att sätta strupen igen.
Doch er zog sich mitten im Angriff zurück und drehte sich um, um von der Seite zuzuschlagen.
Men han drog sig tillbaka mitt i attacken och vände sig till att slå från sidan.
Er warf Spitz seine Schulter entgegen, um ihn niederzuschlagen.
Han kastade axeln mot Spitz i syfte att slå omkull honom.
Bei jedem Versuch wich Spitz aus und konterte mit einem Hieb.
Varje gång han försökte undvek Spitz och kontrade med ett hugg.
Bucks Schulter wurde wund, als Spitz nach jedem Schlag davonsprang.

Bucks axel blev öm när Spitz sprang undan efter varje träff.
Spitz war nicht berührt worden, während Buck aus vielen Wunden blutete.
Spitz hade inte blivit rörd, medan Buck blödde från många sår.
Bucks Atem ging schnell und schwer, sein Körper war blutverschmiert.
Bucks andetag kom snabbt och tungt, hans kropp glödande av blod.
Mit jedem Biss und Angriff wurde der Kampf brutaler.
Slaget blev mer brutalt med varje bett och anfall.
Um sie herum warteten sechzig stille Hunde darauf, dass der erste fiel.
Runt omkring dem väntade sextio tysta hundar på att de första skulle falla.
Wenn ein Hund zu Boden ging, würde das Rudel den Kampf beenden.
Om en hund föll skulle flocken avsluta kampen.
Spitz sah, dass Buck schwächer wurde, und begann, den Angriff voranzutreiben.
Spitz såg Buck försvagas och började anfalla.
Er brachte Buck aus dem Gleichgewicht und zwang ihn, um Halt zu kämpfen.
Han höll Buck ur balans och tvingade honom att kämpa för att få fotfästet.
Einmal stolperte Buck und fiel, und alle Hunde standen auf.
En gång snubblade Buck och föll, och alla hundarna reste sig upp.
Doch Buck richtete sich mitten im Fall auf und alle sanken wieder zu Boden.
Men Buck rättade till sig mitt i fallet, och alla sjönk ner igen.
Buck hatte etwas Seltenes – eine Vorstellungskraft, die aus tiefem Instinkt geboren war.
Buck hade något sällsynt – fantasi född ur djup instinkt.
Er kämpfte mit natürlichem Antrieb, aber auch mit List.
Han kämpade av naturlig drift, men han kämpade också med slughet.

Er griff erneut an, als würde er seinen Schulterangriffstrick wiederholen.
Han anföll igen som om han upprepade sitt axelattackstrick.
Doch in der letzten Sekunde ließ er sich fallen und flog unter Spitz hindurch.
Men i sista sekunden sjönk han lågt och svepte under Spitz.
Seine Zähne schnappten um Spitz' linkes Vorderbein.
Hans tänder låste sig fast i Spitz vänstra framben med ett knäpp.
Spitz stand nun unsicher da, sein Gewicht ruhte nur noch auf drei Beinen.
Spitz stod nu ostadig, med endast tre ben i sin vikt.
Buck schlug erneut zu und versuchte dreimal, ihn zu Fall zu bringen.
Buck slog till igen och försökte tre gånger få ner honom.
Beim vierten Versuch nutzte er denselben Zug mit Erfolg
På fjärde försöket använde han samma drag med framgång.
Diesmal gelang es Buck, Spitz in das rechte Bein zu beißen.
Den här gången lyckades Buck bita Spitz i högra benet.
Obwohl Spitz verkrüppelt war und große Schmerzen litt, kämpfte er weiter ums Überleben.
Spitz, trots att han var förlamad och i smärta, fortsatte att kämpa för att överleva.
Er sah, wie der Kreis der Huskys enger wurde, die Zungen herausstreckten und deren Augen leuchteten.
Han såg kretsen av huskyhundar tätna ihop, med tungorna utsträckta och ögonen glödande.
Sie warteten darauf, ihn zu verschlingen, so wie sie es mit anderen getan hatten.
De väntade på att sluka honom, precis som de hade gjort mot andra.
Dieses Mal stand er im Mittelpunkt: besiegt und verdammt.
Den här gången stod han i mitten; besegrad och dömd.
Für den weißen Hund gab es jetzt keine Möglichkeit mehr zu entkommen.
Det fanns inget annat alternativ för den vita hunden att fly nu.

Buck kannte keine Gnade, denn Gnade hatte in der Wildnis nichts zu suchen.
Buck visade ingen nåd, för nåd hörde inte hemma i naturen.
Buck bewegte sich vorsichtig und bereitete sich auf den letzten Angriff vor.
Buck rörde sig försiktigt och förberedde sig för den sista anfallet.
Der Kreis der Huskys schloss sich, er spürte ihren warmen Atem.
Cirkeln av huskyhundar slöt sig om; han kände deras varma andetag.
Sie duckten sich und waren bereit, im richtigen Moment zu springen.
De hukade sig lågt, redo att hoppa när ögonblicket kom.
Spitz zitterte im Schnee, knurrte und veränderte seine Haltung.
Spitz darrade i snön, morrade och ändrade ställning.
Seine Augen funkelten, seine Lippen waren gekräuselt und seine Zähne blitzten in verzweifelter Drohung.
Hans ögon stirrade, läpparna krullade, tänderna blixtrade av desperat hot.
Er taumelte und versuchte immer noch, dem kalten Biss des Todes standzuhalten.
Han vacklade, fortfarande försökande att hålla tillbaka dödens kalla bett.
Er hatte das schon früher erlebt, aber immer von der Gewinnerseite.
Han hade sett detta förut, men alltid från den vinnande sidan.
Jetzt war er auf der Verliererseite, der Besiegte, die Beute, der Tod.
Nu var han på den förlorande sidan; den besegrade; bytet; döden.
Buck umkreiste ihn für den letzten Schlag, der Hundekreis rückte näher.
Buck gick i en cirk för att ge det sista slaget, hundarnas ring trängdes närmare.
Er konnte ihren heißen Atem spüren; bereit zum Töten.

Han kunde känna deras heta andetag; redo för att döda.

Stille breitete sich aus; alles war an seinem Platz; die Zeit war stehen geblieben.

En stillhet föll; allt var på sin plats; tiden hade stannat.

Sogar die kalte Luft zwischen ihnen gefror für einen letzten Moment.

Till och med den kalla luften mellan dem frös till is för ett sista ögonblick.

Nur Spitz bewegte sich und versuchte, sein bitteres Ende abzuwenden.

Endast Spitz rörde sig och försökte hålla tillbaka hans bittra slut.

Der Kreis der Hunde schloss sich um ihn, und das war sein Schicksal.

Hundkretsen slöt sig om honom, liksom hans öde.

Er war jetzt verzweifelt, da er wusste, was passieren würde.

Han var desperat nu, eftersom han visste vad som skulle hända.

Buck sprang hinein, Schulter an Schulter traf ein letztes Mal.

Buck hoppade in, axel mötte axel en sista gång.

Die Hunde drängten vorwärts und deckten Spitz in der verschneiten Dunkelheit.

Hundarna rusade fram och täckte Spitz i det snötäckta mörkret.

Buck sah zu, aufrecht stehend; der Sieger in einer wilden Welt.

Buck tittade på, stående rak; segraren i en vild värld.

Das dominante Urtier hatte seine Beute gemacht, und es war gut.

Det dominerande urdjuret hade gjort sin byte, och det var bra.

Wer die Meisterschaft erlangt hat
Han som har vunnit mästerskapet

„Wie? Was habe ich gesagt? Ich sage die Wahrheit, wenn ich sage, dass Buck ein Teufel ist."
"Eh? Vad sa jag? Jag talar sanning när jag säger att Buck är en djävul."
François sagte dies am nächsten Morgen, nachdem er festgestellt hatte, dass Spitz verschwunden war.
François sa detta nästa morgon efter att ha hittat Spitz försvunnen.
Buck stand da, übersät mit Wunden aus dem erbitterten Kampf.
Buck stod där, täckt av sår från den våldsamma striden.
François zog Buck zum Feuer und zeigte auf die Verletzungen.
François drog Buck nära elden och pekade på skadorna.
„Dieser Spitz hat gekämpft wie der Devik", sagte Perrault und beäugte die tiefen Schnittwunden.
"Den där Spitzen slogs som en Devik", sa Perrault och blickade ut över de djupa såren.
„Und dieser Buck hat wie zwei Teufel gekämpft", antwortete François sofort.
"Och att Buck slogs som två djävlar", svarade François genast.
„Jetzt kommen wir gut voran; kein Spitz mehr, kein Ärger mehr."
"Nu ska vi ha det bra; ingen mer Spitz, inget mer problem."
Perrault packte die Ausrüstung und belud den Schlitten sorgfältig.
Perrault packade utrustningen och lastade släden omsorgsfullt.
François spannte die Hunde für den Lauf des Tages an.
François selade hundarna som förberedelse inför dagens löprunda.
Buck trabte direkt an die Führungsposition, die einst Spitz innehatte.

Buck travade rakt upp till den ledningsposition som en gång innehades av Spitz.
Doch François bemerkte es nicht und führte Solleks nach vorne.
Men François, som inte märkte det, ledde Solleks fram till fronten.
Nach François' Einschätzung war Solleks nun der beste Leithund.
Enligt François' bedömning var Solleks nu den bästa ledarhunden.
Buck stürzte sich wütend auf Solleks und trieb ihn aus Protest zurück.
Buck sprang rasande mot Solleks och drev honom tillbaka i protest.
Er stand dort, wo einst Spitz gestanden hatte, und beanspruchte die Führungsposition.
Han stod där Spitz en gång hade stått och gjorde anspråk på ledarpositionen.
„Wie? Wie?", rief François und schlug sich amüsiert auf die Schenkel.
"Vah? Va?" utbrast François och klappade sig road för låren.
„Sehen Sie sich Buck an – er hat Spitz umgebracht und jetzt will er ihm den Job wegnehmen!"
"Titta på Buck – han dödade Spitz, nu vill han ta jobbet!"
„Geh weg, Chook!", schrie er und versuchte, Buck zu vertreiben.
"Gå din väg, Chook!" ropade han och försökte driva bort Buck.
Aber Buck weigerte sich, sich zu bewegen und blieb fest im Schnee stehen.
Men Buck vägrade att röra sig och stod stadigt i snön.
François packte Buck am Genick und zog ihn beiseite.
François grep tag i Bucks skinn och drog honom åt sidan.
Buck knurrte leise und drohend, griff aber nicht an.
Buck morrade lågt och hotfullt men attackerade inte.
François brachte Solleks wieder in Führung und versuchte, den Streit zu schlichten

François satte Solleks tillbaka i ledningen och försökte lösa tvisten

Der alte Hund zeigte Angst vor Buck und wollte nicht bleiben.

Den gamla hunden visade rädsla för Buck och ville inte stanna.

Als François ihm den Rücken zuwandte, verjagte Buck Solleks wieder.

När François vände ryggen till, drev Buck ut Solleks igen.

Solleks leistete keinen Widerstand und trat erneut leise zur Seite.

Solleks gjorde inget motstånd och steg tyst åt sidan återigen.

François wurde wütend und schrie: „Bei Gott, ich werde dich heilen!"

François blev arg och ropade: "Vid Gud, jag fixar dig!"

Er kam mit einer schweren Keule in der Hand auf Buck zu.

Han kom mot Buck med en tung klubba i handen.

Buck erinnerte sich gut an den Mann im roten Pullover.

Buck mindes mannen i den röda tröjan väl.

Er zog sich langsam zurück, beobachtete François, knurrte jedoch tief.

Han drog sig långsamt tillbaka, iakttog François, men morrade djupt.

Er eilte nicht zurück, auch nicht, als Solleks an seiner Stelle stand.

Han skyndade sig inte tillbaka, inte ens när Solleks stod på hans plats.

Buck kreiste knapp außerhalb seiner Reichweite und knurrte wütend und protestierend.

Buck cirklade strax utom räckhåll, morrande i raseri och protest.

Er behielt den Schläger im Auge und war bereit auszuweichen, falls François warf.

Han höll blicken fäst vid klubban, redo att ducka för om François kastade.

Er war weise und vorsichtig geworden im Umgang mit bewaffneten Männern.

Han hade blivit vis och försiktig när det gällde män med vapen.

François gab auf und rief Buck erneut an seinen alten Platz.
François gav upp och kallade Buck till sin tidigare plats igen.

Aber Buck trat vorsichtig zurück und weigerte sich, dem Befehl Folge zu leisten.
Men Buck tog ett försiktigt steg tillbaka och vägrade att lyda ordern.

François folgte ihm, aber Buck wich nur ein paar Schritte zurück.
François följde efter, men Buck drog sig bara tillbaka några steg till.

Nach einiger Zeit warf François frustriert die Waffe hin.
Efter en stund kastade François ner vapnet i frustration.

Er dachte, Buck hätte Angst vor einer Tracht Prügel und würde ruhig kommen.
Han trodde att Buck fruktade att bli misshandlad och skulle komma tyst.

Aber Buck wollte sich nicht vor einer Strafe drücken – er kämpfte um seinen Rang.
Men Buck undvek inte straff – han kämpade för rang.

Er hatte sich den Platz als Leithund durch einen Kampf auf Leben und Tod verdient
Han hade förtjänat ledarhundsplatsen genom en kamp på liv och död

er würde sich mit nichts Geringerem zufrieden geben, als der Anführer zu sein.
Han skulle inte nöja sig med något mindre än att vara ledaren.

Perrault beteiligte sich an der Verfolgung, um den rebellischen Buck zu fangen.
Perrault hjälpte till i jakten för att fånga den upproriske Buck.

Gemeinsam ließen sie ihn fast eine Stunde lang durch das Lager laufen.
Tillsammans sprang de runt med honom i lägret i nästan en timme.

Sie warfen Knüppel nach ihm, aber Buck wich jedem Schlag geschickt aus.
De kastade klubbor mot honom, men Buck undvek skickligt var och en av dem.
Sie verfluchten ihn, seine Vorfahren, seine Nachkommen und jedes Haar an ihm.
De förbannade honom, hans förfäder, hans ättlingar och vartenda hårstrå på honom.
Aber Buck knurrte nur zurück und blieb gerade außerhalb ihrer Reichweite.
Men Buck bara morrade tillbaka och höll sig precis utom räckhåll.
Er versuchte nie wegzulaufen, sondern umkreiste das Lager absichtlich.
Han försökte aldrig fly utan gick medvetet runt lägret.
Er machte klar, dass er gehorchen würde, sobald sie ihm gäben, was er wollte.
Han gjorde det klart att han skulle lyda när de väl gav honom vad han ville ha.
Schließlich setzte sich François hin und kratzte sich frustriert am Kopf.
François satte sig slutligen ner och kliade sig frustrerat i huvudet.
Perrault sah auf seine Uhr, fluchte und murmelte etwas über die verlorene Zeit.
Perrault tittade på sin klocka, svor och mumlade om förlorad tid.
Obwohl sie eigentlich auf der Spur sein sollten, war bereits eine Stunde vergangen.
En timme hade redan gått när de borde ha varit på spåret.
François zuckte verlegen mit den Achseln, als der Kurier resigniert seufzte.
François ryckte fåraktigt på axlarna mot kuriren, som suckade besegrad.
Dann ging François zu Solleks und rief Buck noch einmal.
Sedan gick François till Solleks och ropade på Buck ännu en gång.

Buck lachte wie ein Hund, wahrte jedoch vorsichtig seine Distanz.
Buck skrattade som en hund skrattar, men höll försiktigt avstånd.
François nahm Solleks das Geschirr ab und brachte ihn an seinen Platz zurück.
François tog av Solleks sele och satte honom tillbaka på sin plats.
Das Schlittenteam stand voll angespannt da, nur ein Platz war unbesetzt.
Kälkspannet stod fullt selat, med bara en plats ledig.
Die Führungsposition blieb leer und war eindeutig nur für Buck bestimmt.
Ledarpositionen förblev tom, uppenbarligen avsedd enbart för Buck.
François rief erneut, und wieder lachte Buck und blieb standhaft.
François ropade igen, och återigen skrattade Buck och stod fast.
„Wirf die Keule weg", befahl Perrault ohne zu zögern.
"Kasta ner klubban", beordrade Perrault utan att tveka.
François gehorchte und Buck trabte sofort stolz vorwärts.
François lydde, och Buck travade genast stolt fram.
Er lachte triumphierend und übernahm die Führungsposition.
Han skrattade triumferande och klev in i ledarpositionen.
François befestigte seine Leinen und der Schlitten wurde losgerissen.
François säkrade sina spår, och släden bröts loss.
Beide Männer liefen neben dem Team her, als es auf den Flusspfad rannte.
Båda männen sprang bredvid medan laget rusade ut på flodleden.
François hatte Bucks „zwei Teufel" sehr geschätzt,
François hade haft höga tankar om Bucks "två djävlar".
aber er merkte bald, dass er den Hund tatsächlich unterschätzt hatte.

men han insåg snart att han faktiskt hade underskattat hunden.
Buck übernahm schnell die Führung und erbrachte hervorragende Leistungen.
Buck tog snabbt ledarskapet och presterade med utmärkt resultat.
In puncto Urteilsvermögen, schnelles Denken und schnelles Handeln übertraf Buck Spitz.
I omdöme, snabbt tänkande och snabba handlingar överträffade Buck Spitz.
François hatte noch nie einen Hund gesehen, der dem von Buck gleichkam.
François hade aldrig sett en hund som var likvärdig med den Buck nu visade upp.
Aber Buck war wirklich herausragend darin, für Ordnung zu sorgen und Respekt zu erlangen.
Men Buck utmärkte sig verkligen i att upprätthålla ordning och kräva respekt.
Dave und Solleks akzeptierten die Änderung ohne Bedenken oder Protest.
Dave och Solleks accepterade förändringen utan oro eller protest.
Sie konzentrierten sich nur auf die Arbeit und zogen kräftig die Zügel an.
De fokuserade bara på arbete och att dra hårt i tyglarna.
Es war ihnen egal, wer führte, solange der Schlitten in Bewegung blieb.
De brydde sig föga om vem som ledde, så länge släden fortsatte att röra sig.
Billee, der Fröhliche, hätte, soweit es sie interessierte, die Führung übernehmen können.
Billee, den glada, kunde ha lett vad de än brydde sig om.
Was ihnen wichtig war, waren Frieden und Ordnung in den Reihen.
Det som var viktigt för dem var lugn och ordning i leden.

Der Rest des Teams war während Spitz' Niedergang unbändig geworden.
Resten av laget hade blivit ostyrigt under Spitz nedgång.
Sie waren schockiert, als Buck sie sofort zur Ordnung rief.
De blev chockade när Buck omedelbart beställde dem.
Pike war immer faul gewesen und hatte Buck hinterhergehangen.
Pike hade alltid varit lat och släpat efter Buck.
Doch nun wurde er von der neuen Führung scharf diszipliniert.
Men nu blev han skarpt disciplinerad av det nya ledarskapet.
Und er lernte schnell, seinen Teil zum Team beizutragen.
Och han lärde sig snabbt att dra sin balk i laget.
Am Ende des Tages hatte Pike härter gearbeitet als je zuvor.
Vid dagens slut arbetade Pike hårdare än någonsin tidigare.
In dieser Nacht im Lager wurde Joe, der mürrische Hund, endlich beruhigt.
Den natten i lägret blev Joe, den sura hunden, äntligen kuvad.
Spitz hatte es nicht geschafft, ihn zu disziplinieren, aber Buck versagte nicht.
Spitz hade misslyckats med att disciplinera honom, men Buck misslyckades inte.
Durch die Nutzung seines größeren Gewichts überwältigte Buck Joe in Sekundenschnelle.
Med sin större vikt övermannade Buck Joe på några sekunder.
Er biss und schlug Joe, bis dieser wimmerte und aufhörte, sich zu wehren.
Han bet och slog Joe tills han gnällde och slutade göra motstånd.
Von diesem Moment an verbesserte sich das gesamte Team.
Hela laget förbättrades från det ögonblicket.
Die Hunde erlangten ihre alte Einheit und Disziplin zurück.
Hundarna återfick sin gamla enighet och disciplin.
In Rink Rapids kamen zwei neue einheimische Huskies hinzu, Teek und Koona.
Vid Rink Rapids anslöt sig två nya inhemska huskies, Teek och Koona.

Bucks schnelle Ausbildung erstaunte sogar François.
Bucks snabba träning av dem förvånade till och med François.
„So einen Hund wie diesen Buck hat es noch nie gegeben!", rief er erstaunt.
"Aldrig har det funnits en sådan hund som den där Buck!" ropade han förvånat.
„Nein, niemals! Er ist tausend Dollar wert, bei Gott!"
"Nej, aldrig! Han är värd tusen dollar, vid Gud!"
„Wie? Was sagst du dazu, Perrault?", fragte er stolz.
"Eh? Vad säger du, Perrault?" frågade han med stolthet.
Perrault nickte zustimmend und überprüfte seine Notizen.
Perrault nickade instämmande och kontrollerade sina anteckningar.
Wir liegen bereits vor dem Zeitplan und kommen täglich weiter voran.
Vi ligger redan före schemat och vi blir fler för varje dag.
Der Weg war festgestampft und glatt, es lag kein Neuschnee.
Leden var hårt packad och slät, utan nysnö.
Es war konstant kalt und lag die ganze Zeit bei minus fünfzig Grad.
Kylan var ständig och svävade runt femtio minusgrader hela tiden.
Die Männer ritten und rannten abwechselnd, um sich warm zu halten und Zeit zu gewinnen.
Männen red och sprang turvis för att hålla sig varma och ta sig tid.
Die Hunde rannten schnell, mit wenigen Pausen, immer vorwärts.
Hundarna sprang snabbt med få stopp, alltid framåt.
Der Thirty Mile River war größtenteils zugefroren und leicht zu überqueren.
Thirty Mile-floden var mestadels frusen och lätt att resa över.
Was zehn Tage gedauert hatte, wurde an einem Tag verschickt.
De gav sig ut på en dag, vilket hade tagit tio dagar att komma in.

Sie legten einen sechsundneunzig Kilometer langen Sprint vom Lake Le Barge nach White Horse zurück.
De sprang sextio mil från Lake Le Barge till White Horse.
Sie bewegten sich unglaublich schnell über die Seen Marsh, Tagish und Bennett.
Över Marsh-, Tagish- och Bennett-sjöarna rörde de sig otroligt snabbt.
Der laufende Mann wird an einem Seil hinter dem Schlitten hergezogen.
Den löpande mannen bogserades bakom släden i ett rep.
In der letzten Nacht der zweiten Woche erreichten sie ihr Ziel.
På den sista natten i vecka två kom de fram till sin destination.
Sie hatten gemeinsam die Spitze des White Pass erreicht.
De hade nått toppen av White Pass tillsammans.
Sie sanken auf Meereshöhe hinab, mit den Lichtern von Skaguay unter ihnen.
De sjönk ner till havsnivån med Skaguays ljus under sig.
Es war ein Rekordlauf durch kilometerlange kalte Wildnis.
Det hade varit en rekordartad löprunda genom kilometervis av kall vildmark.
An vierzehn aufeinanderfolgenden Tagen legten sie im Durchschnitt satte vierundsechzig Kilometer zurück.
Fjorton dagar i sträck snittade de en stark sträcka på sextio kilometer.
In Skaguay transportierten Perrault und François Fracht durch die Stadt.
I Skaguay flyttade Perrault och François last genom staden.
Die bewundernde Menge jubelte ihnen zu und bot ihnen viele Getränke an.
De blev hyllade och erbjöds många drinkar av beundrande folkmassor.
Hundefänger und Arbeiter versammelten sich um das berühmte Hundegespann.
Hundjagare och arbetare samlades runt det berömda hundspannet.

Dann kamen Gesetzlose aus dem Westen in die Stadt und erlitten eine brutale Niederlage.
Sedan kom västerländska laglösa till staden och mötte ett våldsamt nederlag.
Die Leute vergaßen bald das Team und konzentrierten sich auf neue Dramen.
Folket glömde snart laget och fokuserade på nytt drama.
Dann kamen die neuen Befehle, die alles auf einen Schlag veränderten.
Sedan kom de nya orderna som förändrade allt på en gång.
François rief Buck zu sich und umarmte ihn mit tränenreichem Stolz.
François kallade på Buck och kramade honom med tårfylld stolthet.
In diesem Moment sah Buck François zum letzten Mal wieder.
Det ögonblicket var sista gången Buck någonsin såg François igen.
Wie viele Männer zuvor waren sowohl François als auch Perrault nicht mehr da.
Liksom många män tidigare var både François och Perrault borta.
Ein schottischer Mischling übernahm das Kommando über Buck und seine Schlittenhunde-Kollegen.
En skotsk halvblod tog hand om Buck och hans slädhundskamrater.
Mit einem Dutzend anderer Hundegespanne kehrten sie auf dem Weg nach Dawson zurück.
Med ett dussin andra hundspann återvände de längs leden till Dawson.
Es war kein Schnelllauf mehr, sondern harte Arbeit mit einer schweren Last jeden Tag.
Det var ingen snabb löprunda nu – bara hårt slit med en tung lass varje dag.
Dies war der Postzug, der den Goldsuchern in der Nähe des Pols Nachrichten brachte.
Detta var posttåget som förde bud till guldjägare nära polen.

Buck mochte die Arbeit nicht, ertrug sie jedoch gut und war stolz auf seine Leistung.
Buck ogillade arbetet men bar det bra och var stolt över sin insats.
Wie Dave und Solleks zeigte Buck Hingabe bei jeder täglichen Aufgabe.
Liksom Dave och Solleks visade Buck hängivenhet i varje daglig uppgift.
Er stellte sicher, dass jeder seiner Teamkollegen seinen Teil beitrug.
Han såg till att alla hans lagkamrater drog sin rättmätiga del.
Das Leben auf dem Trail wurde langweilig und wiederholte sich mit der Präzision einer Maschine.
Livet på stigarna blev tråkigt, upprepat med en maskins precision.
Jeder Tag fühlte sich gleich an, ein Morgen ging in den nächsten über.
Varje dag kändes likadan, en morgon smälte samman med nästa.
Zur gleichen Stunde standen die Köche auf, um Feuer zu machen und Essen zuzubereiten.
I samma timme reste sig kockarna för att göra upp eldar och tillaga mat.
Nach dem Frühstück verließen einige das Lager, während andere die Hunde anspannten.
Efter frukost lämnade några lägret medan andra selade för hundarna.
Sie machten sich auf den Weg, bevor die schwache Morgendämmerung den Himmel berührte.
De kom iväg innan den svaga gryningsvarningen nuddade himlen.
Nachts hielten sie an, um ihr Lager aufzuschlagen, wobei jeder Mann eine festgelegte Aufgabe hatte.
På natten stannade de för att slå läger, var och en man med en bestämd uppgift.
Einige stellten die Zelte auf, andere hackten Feuerholz und sammelten Kiefernzweige.

Några slog upp tälten, andra högg ved och samlade tallkvistar.
Zum Abendessen wurde den Köchen Wasser oder Eis mitgebracht.
Vatten eller is bars tillbaka till kockarna för kvällsmåltiden.
Die Hunde wurden gefüttert und das war für sie der schönste Teil des Tages.
Hundarna fick mat, och detta var den bästa delen av dagen för dem.
Nachdem sie Fisch gegessen hatten, entspannten sich die Hunde und machten es sich in der Nähe des Feuers gemütlich.
Efter att ha ätit fisk slappnade hundarna av och låg vid elden.
Im Konvoi waren noch hundert andere Hunde, unter die man sich mischen konnte.
Det fanns hundra andra hundar i konvojen att mingla med.
Viele dieser Hunde waren wild und kämpften ohne Vorwarnung.
Många av dessa hundar var vildsinta och snabba att slåss utan förvarning.
Doch nach drei Siegen war Buck selbst den härtesten Kämpfern überlegen.
Men efter tre segrar bemästrade Buck även de tuffaste kämparna.
Als Buck nun knurrte und die Zähne fletschte, traten sie zur Seite.
När Buck morrade och visade tänderna, klev de åt sidan.
Und das Beste war vielleicht, dass Buck es liebte, neben dem flackernden Lagerfeuer zu liegen.
Kanske bäst av allt var att Buck älskade att ligga nära den fladdrande lägerelden.
Er hockte mit angezogenen Hinterbeinen und nach vorne gestreckten Vorderbeinen.
Han hukade sig med bakbenen indragna och frambenen sträckta framåt.
Er hatte den Kopf erhoben und blinzelte sanft in die glühenden Flammen.

Hans huvud höjdes medan han blinkade mjukt mot de glödande lågorna.
Manchmal musste er an Richter Millers großes Haus in Santa Clara denken.
Ibland mindes han domare Millers stora hus i Santa Clara.
Er dachte an den Zementpool, an Ysabel und den Mops namens Toots.
Han tänkte på cementdammen, på Ysabel och mopsen som hette Toots.
Aber häufiger musste er an die Keule des Mannes mit dem roten Pullover denken.
Men oftare mindes han mannen med den röda tröjans klubba.
Er erinnerte sich an Curlys Tod und seinen erbitterten Kampf mit Spitz.
Han mindes Lockigs död och hans hårda kamp med Spitz.
Er erinnerte sich auch an das gute Essen, das er gegessen hatte oder von dem er immer noch träumte.
Han mindes också den goda maten han hade ätit eller fortfarande drömt om.
Buck hatte kein Heimweh – das warme Tal war weit weg und unwirklich.
Buck längtade inte hem – den varma dalen var avlägsen och overklig.
Die Erinnerungen an Kalifornien hatten keine große Anziehungskraft mehr auf ihn.
Minnena från Kalifornien hade inte längre någon egentlig dragningskraft på honom.
Stärker als die Erinnerung waren die tief in seinem Blut verwurzelten Instinkte.
Starkare än minnet var instinkter djupt i hans blodslinje.
Einst verlorene Gewohnheiten waren zurückgekehrt und durch den Weg und die Wildnis wiederbelebt worden.
Vanor som en gång varit förlorade hade återvänt, återupplivade av leden och vildmarken.
Während Buck das Feuerlicht betrachtete, veränderte sich seine Wahrnehmung manchmal.

När Buck tittade på eldskenet förvandlades det ibland till något annat.
Er sah im Feuerschein ein anderes Feuer, älter und tiefer als das gegenwärtige.
Han såg i eldskenet en annan eld, äldre och djupare än den nuvarande.
Neben dem anderen Feuer hockte ein Mann, der anders aussah als der Mischlingskoch.
Bredvid den andra elden hukade en man, olik den halvblodiga kocken.
Diese Figur hatte kurze Beine, lange Arme und harte, verknotete Muskeln.
Denna figur hade korta ben, långa armar och hårda, knutna muskler.
Sein Haar war lang und verfilzt und fiel von den Augen nach hinten ab.
Hans hår var långt och tovigt och sluttade bakåt från ögonen.
Er gab seltsame Geräusche von sich und starrte voller Angst in die Dunkelheit.
Han gav ifrån sig konstiga ljud och stirrade skräckslagen ut i mörkret.
Er hielt eine Steinkeule tief in seiner langen, rauen Hand fest.
Han höll en stenklubba lågt, hårt greppad i sin långa, grova hand.
Der Mann trug wenig, nur eine verkohlte Haut, die ihm den Rücken hinunterhing.
Mannen bar lite; bara en förkolnad hud som hängde nerför hans rygg.
Sein Körper war an Armen, Brust und Oberschenkeln mit dichtem Haar bedeckt.
Hans kropp var täckt av tjockt hår över armar, bröst och lår.
Einige Teile des Haares waren zu rauen Fellbüscheln verfilzt.
Vissa delar av håret var trassligt till fläckar av grov päls.
Er stand nicht gerade, sondern war von der Hüfte bis zu den Knien nach vorne gebeugt.

Han stod inte rak utan böjde sig framåt från höfterna till knäna.
Seine Schritte waren federnd und katzenartig, als wäre er immer zum Sprung bereit.
Hans steg var fjädrande och kattlika, som om han alltid var redo att hoppa.
Er war in höchster Wachsamkeit, als lebte er in ständiger Angst.
Det fanns en skarp vakenhet, som om han levde i ständig rädsla.
Dieser alte Mann schien mit Gefahr zu rechnen, ob er die Gefahr nun sah oder nicht.
Denne forntida man tycktes förvänta sig fara, oavsett om faran sågs eller inte.
Manchmal schlief der haarige Mann am Feuer, den Kopf zwischen die Beine gesteckt.
Ibland sov den hårige mannen vid elden med huvudet mellan benen.
Seine Ellbogen ruhten auf seinen Knien, die Hände waren über seinem Kopf gefaltet.
Hans armbågar vilade på knäna, händerna knäppta ovanför huvudet.
Wie ein Hund benutzte er seine haarigen Arme, um den fallenden Regen abzuschütteln.
Liksom en hund använde han sina håriga armar för att skjuta upp det fallande regnet.
Hinter dem Feuerschein sah Buck zwei Kohlen im Dunkeln glühen.
Bortom eldskenet såg Buck dubbla glödande kol i mörkret.
Immer zu zweit, waren sie die Augen der sich anpirschenden Raubtiere.
Alltid två och två, var de ögonen på smygande rovdjur.
Er hörte, wie Körper durchs Unterholz krachten und Geräusche in der Nacht.
Han hörde kroppar krascha genom buskage och ljud som gjordes i natten.

Buck lag blinzelnd am Ufer des Yukon und träumte am Feuer.
Liggande på Yukons strand, blinkande, drömde Buck vid elden.
Die Anblicke und Geräusche dieser wilden Welt ließen ihm die Haare zu Berge stehen.
Synerna och ljuden från den vilda världen fick honom att resa sig på håret.
Das Fell stand ihm über den Rücken, die Schultern und den Hals hinauf.
Pälsen reste sig längs hans rygg, axlar och upp på hans nacke.
Er wimmerte leise oder gab ein tiefes Knurren aus der Brust von sich.
Han gnällde mjukt eller morrade lågt djupt i bröstet.
Dann rief der Mischlingskoch: „Hey, du Buck, wach auf!"
Sedan ropade halvblodskocken: "Hallå, din Buck, vakna!"
Die Traumwelt verschwand und das wirkliche Leben kehrte in Bucks Augen zurück.
Drömvärlden försvann, och det verkliga livet återvände i Bucks ögon.
Er wollte aufstehen, sich strecken und gähnen, als wäre er aus einem Nickerchen erwacht.
Han skulle gå upp, sträcka på sig och gäspa, som om han hade väckts från en tupplur.
Die Reise war anstrengend, da sie den Postschlitten hinter sich herziehen mussten.
Resan var svår, med postsläden släpande efter dem.
Schwere Lasten und harte Arbeit zermürbten die Hunde jeden langen Tag.
Tunga bördor och hårt arbete slet ut hundarna varje lång dag.
Sie kamen dünn und müde in Dawson an und brauchten über eine Woche Ruhe.
De anlände till Dawson tunna, trötta och i behov av över en veckas vila.
Doch nur zwei Tage später machten sie sich erneut auf den Weg den Yukon hinunter.

Men bara två dagar senare gav de sig ut nerför Yukonfloden igen.
Sie waren mit weiteren Briefen beladen, die für die Außenwelt bestimmt waren.
De var lastade med fler brev på väg till omvärlden.
Die Hunde waren erschöpft und die Männer beschwerten sich ständig.
Hundarna var utmattade och männen klagade ständigt.
Jeden Tag fiel Schnee, der den Weg weicher machte und die Schlitten verlangsamte.
Snö föll varje dag, vilket mjukade upp leden och saktade ner slädarna.
Dies führte zu einem stärkeren Ziehen und einem größeren Widerstand der Läufer.
Detta gjorde att löparna drog hårdare och fick mer motstånd.
Trotzdem waren die Fahrer fair und kümmerten sich um ihre Teams.
Trots det var förarna rättvisa och brydde sig om sina team.
Jeden Abend wurden die Hunde gefüttert, bevor die Männer etwas zu essen bekamen.
Varje kväll matades hundarna innan männen fick äta.
Kein Mann geht schlafen, ohne vorher die Pfoten seines eigenen Hundes zu kontrollieren.
Ingen människa sov innan hon kontrollerat sin egen hunds fötter.
Dennoch wurden die Hunde mit jeder zurückgelegten Strecke schwächer.
Ändå blev hundarna svagare allt eftersom milen gick på deras kroppar.
Sie waren den ganzen Winter über zweitausendachthundert Kilometer gereist.
De hade rest artonhundra mil under vintern.
Sie zogen Schlitten über jede Meile dieser brutalen Distanz.
De drog slädar över varenda mil av den brutala sträckan.
Selbst die härtesten Schlittenhunde spüren nach so vielen Kilometern die Belastung.

Även de tuffaste slädhundarna känner ansträngning efter så många mil.
Buck hielt durch, sorgte für die Weiterarbeit seines Teams und sorgte für die nötige Disziplin.
Buck höll ut, höll sitt lag igång och upprätthöll disciplinen.
Aber Buck war müde, genau wie die anderen auf der langen Reise.
Men Buck var trött, precis som de andra på den långa resan.
Billee wimmerte und weinte jede Nacht ohne Ausnahme im Schlaf.
Billee gnällde och grät i sömnen varje natt utan att misslyckas.
Joe wurde noch verbitterter und Solleks blieb kalt und distanziert.
Joe blev ännu mer bitter, och Solleks förblev kall och distanserad.
Doch Dave war derjenige des gesamten Teams, der am meisten darunter litt.
Men det var Dave som drabbades värst av hela laget.
Irgendetwas in seinem Inneren war schiefgelaufen, doch niemand wusste, was.
Något hade gått fel inom honom, fast ingen visste vad.
Er wurde launischer und fuhr andere mit wachsender Wut an.
Han blev mer humörig och fräste åt andra med växande ilska.
Jede Nacht ging er direkt zu seinem Nest und wartete darauf, gefüttert zu werden.
Varje natt gick han direkt till sitt bo och väntade på att få mat.
Als Dave einmal unten war, stand er bis zum Morgen nicht mehr auf.
När han väl var nere, gick Dave inte upp igen förrän på morgonen.
Plötzliche Rucke oder Anlaufe an den Zügeln ließen ihn vor Schmerzen aufschreien.
I tyglarna fick plötsliga ryck eller starter honom att skrika av smärta.
Sein Fahrer suchte nach der Ursache, konnte jedoch keine Verletzungen feststellen.

Hans förare sökte efter orsaken, men fann inga skador på honom.
Alle Fahrer beobachteten Dave und besprachen seinen Fall.
Alla förarna började titta på Dave och diskuterade hans fall.
Sie unterhielten sich beim Essen und während ihrer letzten Zigarette des Tages.
De pratade vid måltiderna och under sin sista rökning för dagen.
Eines Nachts hielten sie eine Versammlung ab und brachten Dave zum Feuer.
En kväll höll de ett möte och förde Dave till elden.
Sie drückten und untersuchten seinen Körper und er schrie oft.
De tryckte och undersökte hans kropp, och han grät ofta.
Offensichtlich stimmte etwas nicht, auch wenn keine Knochen gebrochen zu sein schienen.
Något var uppenbarligen fel, även om inga ben verkade brutna.
Als sie Cassiar Bar erreichten, war Dave am Umfallen.
När de kom fram till Cassiar Bar höll Dave på att falla omkull.
Der schottische Mischling machte Schluss und nahm Dave aus dem Team.
Den skotske halvblodet lade stopp och tog bort Dave från laget.
Er befestigte Solleks an Daves Stelle, ganz vorne am Schlitten.
Han fäste Solleks på Daves plats, närmast skoterns framdel.
Er wollte Dave ausruhen und ihm die Freiheit geben, hinter dem fahrenden Schlitten herzulaufen.
Han tänkte låta Dave vila och springa fritt bakom den rörliga släden.
Doch selbst als er krank war, hasste Dave es, von seinem Job geholt zu werden.
Men även när han var sjuk hatade Dave att bli tagen från jobbet han hade haft.
Er knurrte und wimmerte, als ihm die Zügel aus dem Körper gerissen wurden.

Han morrade och gnällde när tyglarna drogs från hans kropp.
Als er Solleks an seiner Stelle sah, weinte er vor gebrochenem Herzen.
När han såg Solleks i sin plats grät han av förkrossad smärta.
Dave war noch immer stolz auf seine Arbeit auf dem Weg, selbst als der Tod nahte.
Stoltheten över ledarbetet var djupt inom Dave, även när döden närmade sig.
Während der Schlitten fuhr, kämpfte sich Dave durch den weichen Schnee in der Nähe des Pfades.
Medan släden rörde sig, famlade Dave genom den mjuka snön nära leden.
Er griff Solleks an, biss ihn und stieß ihn von der Seite des Schlittens.
Han attackerade Solleks, bet och knuffade honom från slädens sida.
Dave versuchte, in das Geschirr zu springen und seinen Arbeitsplatz zurückzuerobern.
Dave försökte hoppa in i selen och återta sin arbetsplats.
Er schrie, jammerte und weinte, hin- und hergerissen zwischen Schmerz und Stolz auf die Wehen.
Han skrek, gnällde och grät, sliten mellan smärta och stolthet över arbetet.
Der Mischling versuchte, Dave mit seiner Peitsche vom Team zu vertreiben.
Halvblodet använde sin piska för att försöka driva bort Dave från laget.
Doch Dave ignorierte den Hieb und der Mann konnte nicht härter zuschlagen.
Men Dave ignorerade pisklaget, och mannen kunde inte slå honom hårdare.
Dave lehnte den einfacheren Weg hinter dem Schlitten ab, wo der Schnee festgefahren war.
Dave vägrade att ta den enklare vägen bakom släden, där snön var packad.
Stattdessen kämpfte er sich elend durch den tiefen Schnee neben dem Weg.

Istället kämpade han i den djupa snön bredvid leden, i elände.
Schließlich brach Dave zusammen, blieb im Schnee liegen und schrie vor Schmerzen.
Så småningom kollapsade Dave, liggandes i snön och ylande av smärta.
Er schrie auf, als die lange Schlittenkette einer nach dem anderen an ihm vorbeifuhr.
Han ropade till när det långa tåget av slädar passerade honom en efter en.
Dennoch stand er mit der ihm verbleibenden Kraft auf und stolperte ihnen hinterher.
Ändå, med den styrka som fanns kvar, reste han sig och stapplade efter dem.
Als der Zug wieder anhielt, holte er ihn ein und fand seinen alten Schlitten.
Han hann ikapp när tåget stannade igen och hittade sin gamla släde.
Er kämpfte sich an den anderen Teams vorbei und stand wieder neben Solleks.
Han famlade förbi de andra lagen och stod bredvid Solleks igen.
Als der Fahrer anhielt, um seine Pfeife anzuzünden, nutzte Dave seine letzte Chance.
När föraren stannade för att tända sin pipa tog Dave sin sista chans.
Als der Fahrer zurückkam und schrie, bewegte sich das Team nicht weiter.
När föraren återvände och ropade, fortsatte teamet inte framåt.
Die Hunde hatten ihre Köpfe gedreht, verwirrt durch den plötzlichen Stopp.
Hundarna hade vridit på huvudet, förvirrade av det plötsliga stoppet.
Auch der Fahrer war schockiert – der Schlitten hatte sich keinen Zentimeter vorwärts bewegt.
Föraren blev också chockad – släden hade inte rört sig en centimeter framåt.

Er rief den anderen zu, sie sollten kommen und nachsehen, was passiert sei.
Han ropade på de andra att de skulle komma och se vad som hade hänt.
Dave hatte Solleks' Zügel durchgekaut und beide auseinandergerissen.
Dave hade tuggat igenom Solleks tyglar och brutit isär båda.
Nun stand er vor dem Schlitten, wieder an seinem rechtmäßigen Platz.
Nu stod han framför släden, tillbaka på sin rättmätiga plats.
Dave blickte zum Fahrer auf und flehte ihn stumm an, in der Spur zu bleiben.
Dave tittade upp på föraren och bönföll tyst att få hålla sig i spåren.
Der Fahrer war verwirrt und wusste nicht, was er für den zappelnden Hund tun sollte.
Föraren var förbryllad och osäker på vad han skulle göra med den kämpande hunden.
Die anderen Männer sprachen von Hunden, die beim Rausbringen gestorben waren.
De andra männen talade om hundar som hade dött av att bli uttagna.
Sie erzählten von alten oder verletzten Hunden, denen es das Herz brach, als sie zurückgelassen wurden.
De berättade om gamla eller skadade hundar vars hjärtan krossades när de lämnades kvar.
Sie waren sich einig, dass es Gnade wäre, Dave sterben zu lassen, während er noch im Geschirr steckte.
De var överens om att det var barmhärtighet att låta Dave dö medan han fortfarande var i sin sele.
Er wurde wieder auf dem Schlitten festgeschnallt und Dave zog voller Stolz.
Han var fastspänd på släden igen, och Dave drog med stolthet.
Obwohl er manchmal schrie, arbeitete er, als könne man den Schmerz ignorieren.

Även om han grät ibland, arbetade han som om smärta kunde ignoreras.
Mehr als einmal fiel er und wurde mitgeschleift, bevor er wieder aufstand.
Mer än en gång föll han och släpades med innan han reste sig igen.
Einmal wurde er vom Schlitten überrollt und von diesem Moment an humpelte er.
En gång rullade släden över honom, och han haltade från det ögonblicket.
Trotzdem arbeitete er, bis das Lager erreicht war, und legte sich dann ans Feuer.
Ändå arbetade han tills han nådde lägret, och låg sedan vid elden.
Am Morgen war Dave zu schwach, um zu reisen oder auch nur aufrecht zu stehen.
På morgonen var Dave för svag för att resa eller ens stå upprätt.
Als es Zeit war, das Geschirr anzulegen, versuchte er mit zitternder Anstrengung, seinen Fahrer zu erreichen.
Vid tiden för fastspänning försökte han med darrande ansträngning nå sin kusk.
Er rappelte sich auf, taumelte und brach auf dem schneebedeckten Boden zusammen.
Han tvingade sig upp, vacklade och kollapsade ner på den snötäckta marken.
Mithilfe seiner Vorderbeine zog er seinen Körper in Richtung des Angeschirrs.
Med hjälp av frambenen drog han sin kropp mot seleområdet.
Zentimeter für Zentimeter schob er sich auf die Arbeitshunde zu.
Han hakade framåt, centimeter för centimeter, mot arbetshundarna.
Er verließ die Kraft, aber er machte mit seinem letzten verzweifelten Vorstoß weiter.
Hans styrkor tog slut, men han fortsatte i sin sista desperata ryck.

Seine Teamkollegen sahen ihn im Schnee nach Luft schnappen und sich immer noch danach sehnen, zu ihnen zu kommen.
Hans lagkamrater såg honom kippande efter andan i snön, fortfarande längtande efter att få göra dem sällskap.
Sie hörten ihn vor Kummer schreien, als sie das Lager hinter sich ließen.
De hörde honom yla av sorg när de lämnade lägret.
Als das Team zwischen den Bäumen verschwand, hallte Daves Schrei hinter ihnen wider.
När teamet försvann in i träden ekade Daves rop bakom dem.
Der Schlittenzug hielt kurz an, nachdem er einen Abschnitt des Flusswalds überquert hatte.
Slädtåget stannade kort efter att ha korsat en sträcka av flodskog.
Der schottische Mischling ging langsam zurück zum Lager dahinter.
Den skotska halvblodet gick långsamt tillbaka mot lägret bakom.
Die Männer verstummten, als sie ihn den Schlittenzug verlassen sahen.
Männen slutade tala när de såg honom lämna slädtåget.
Dann ertönte ein einzelner Schuss klar und scharf über den Weg.
Sedan ljöd ett enda pistolskott klart och skarpt över stigen.
Der Mann kam schnell zurück und nahm wortlos seinen Platz ein.
Mannen återvände snabbt och intog sin plats utan ett ord.
Peitschen knallten, Glöckchen bimmelten und die Schlitten rollten durch den Schnee.
Piskor sprakade, klockor klirrade och slädarna rullade vidare genom snön.
Aber Buck wusste, was passiert war – und alle anderen Hunde auch.
Men Buck visste vad som hade hänt – och det gjorde även alla andra hundar.

Die Mühen der Zügel und des Trails
Tyglarnas och spårets möda

Dreißig Tage nach dem Verlassen von Dawson erreichte die Salt Water Mail Skaguay.
Trettio dagar efter att ha lämnat Dawson nådde Salt Water Mail Skaguay.
Buck und seine Teamkollegen gingen in Führung, kamen aber in einem erbärmlichen Zustand an.
Buck och hans lagkamrater tog ledningen och anlände i ynkligt skick.
Buck hatte von hundertvierzig auf hundertfünfzehn Pfund abgenommen.
Buck hade gått ner från hundra fyrtio till hundra femton pund.
Die anderen Hunde hatten, obwohl kleiner, noch mehr Körpergewicht verloren.
De andra hundarna, även om de var mindre, hade gått ner ännu mer i vikt.
Pike, einst ein vorgetäuschter Hinker, schleppte nun ein wirklich verletztes Bein hinter sich her.
Pike, en gång en falsk haltare, släpade nu ett rejält skadat ben efter sig.
Solleks humpelte stark und Dub hatte ein verrenktes Schulterblatt.
Solleks haltade svårt, och Dub hade en vriden skulderblad.
Die Füße aller Hunde im Team waren von den Wochen auf dem gefrorenen Pfad wund.
Varje hund i spannet hade ont i fötterna efter veckor på den frusna leden.
Ihre Schritte waren völlig federnd und bewegten sich nur langsam und schleppend.
De hade ingen fjädring kvar i sina steg, bara långsamma, släpande rörelser.
Ihre Füße treffen den Weg hart und jeder Schritt belastet ihren Körper stärker.

Deras fötter träffade stigen hårt, och varje steg ökade belastningen på deras kroppar.

Sie waren nicht krank, sondern nur so erschöpft, dass sie sich auf natürliche Weise nicht mehr erholen konnten.

De var inte sjuka, bara uttömda till oförmåga att återhämta sig på naturlig väg.

Dies war nicht die Müdigkeit eines harten Tages, die durch eine Nachtruhe geheilt werden konnte.

Detta var inte trötthet från en hård dag, botad med en natts vila.

Es war eine Erschöpfung, die sich durch monatelange, zermürbende Anstrengungen langsam aufgebaut hatte.

Det var en utmattning som långsamt byggdes upp genom månader av slitsam ansträngning.

Es waren keine Kraftreserven mehr vorhanden, sie hatten alles aufgebraucht, was sie hatten.

Ingen reservstyrka fanns kvar – de hade förbrukat varenda krona de hade.

Jeder Muskel, jede Faser und jede Zelle ihres Körpers war erschöpft und abgenutzt.

Varje muskel, fiber och cell i deras kroppar var uttömd och sliten.

Und das hatte seinen Grund: Sie hatten zweitausendfünfhundert Meilen zurückgelegt.

Och det fanns en anledning – de hade tillryggalagt tjugofemhundra mil.

Auf den letzten zweitausendachthundert Kilometern hatten sie sich nur fünf Tage ausgeruht.

De hade bara vilat fem dagar under de sista artonhundra milen.

Als sie Skaguay erreichten, sahen sie aus, als könnten sie kaum aufrecht stehen.

När de nådde Skaguay såg det ut som om de knappt kunde stå upprätta.

Sie hatten Mühe, die Zügel straff zu halten und vor dem Schlitten zu bleiben.

De kämpade för att hålla tyglarna spända och ligga steget före
släden.
**Auf abschüssigen Hängen konnten sie nur noch vermeiden,
überfahren zu werden.**
I nedförsbackar lyckades de bara undvika att bli överkörda.
**„Weiter, ihr armen, wunden Füße", sagte der Fahrer,
während sie weiterhumpelten.**
"Marschera på, stackars ömma fötter", sa kusken medan de
haltade fram.
**„Das ist die letzte Strecke, danach bekommen wir alle auf
jeden Fall noch eine lange Pause."**
"Det här är sista sträckan, sedan får vi alla en lång vila, helt
klart."
**„Eine richtige lange Pause", versprach er und sah ihnen nach,
wie sie weiter taumelten.**
"En riktigt lång vila", lovade han och såg dem stappla framåt.
**Die Fahrer rechneten damit, dass sie nun eine lange,
notwendige Pause bekommen würden.**
Förarna förväntade sig att de nu skulle få en lång, välbehövlig
paus.
**Sie hatten zweitausend Meilen zurückgelegt und nur zwei
Tage Pause gemacht.**
De hade rest tolvhundra mil med bara två dagars vila.
**Sie waren der Meinung, dass sie sich die Zeit zum
Entspannen verdient hätten, und das aus fairen und
vernünftigen Gründen.**
Av rättvisa och förnuftiga skäl kände de att de hade förtjänat
tid att koppla av.
**Aber zu viele waren zum Klondike gekommen und zu
wenige waren zu Hause geblieben.**
Men för många hade kommit till Klondike, och för få hade
stannat hemma.
**Es gingen unzählige Briefe von Familien ein, die zu Bergen
verspäteter Post führten.**
Brev från familjer strömmade in, vilket skapade högar av
försenad post.

Offizielle Anweisungen trafen ein – neue Hudson Bay-Hunde würden die Nachfolge antreten.
Officiella order anlände – nya hundar från Hudson Bay skulle ta över.
Die erschöpften Hunde, die nun als wertlos galten, sollten entsorgt werden.
De utmattade hundarna, nu kallade värdelösa, skulle göras av med.
Da Geld wichtiger war als Hunde, sollten sie billig verkauft werden.
Eftersom pengar var viktigare än hundar, skulle de säljas billigt.
Drei weitere Tage vergingen, bevor die Hunde spürten, wie schwach sie waren.
Tre dagar till gick innan hundarna kände hur svaga de var.
Am vierten Morgen kauften zwei Männer aus den Staaten das gesamte Team.
På den fjärde morgonen köpte två män från staterna hela laget.
Der Verkauf umfasste alle Hunde sowie ihre abgenutzte Geschirrausrüstung.
Försäljningen omfattade alla hundarna, plus deras begagnade seleutrustning.
Die Männer nannten sich gegenseitig „Hal" und „Charles", als sie den Deal abschlossen.
Männen kallade varandra "Hal" och "Charles" när de slutförde affären.
Charles war mittleren Alters, blass, hatte schlaffe Lippen und wilde Schnurrbartspitzen.
Charles var medelålders, blek, med slappa läppar och vildsint mustasch.
Hal war ein junger Mann, vielleicht neunzehn, der einen Patronengürtel trug.
Hal var en ung man, kanske nitton, bar ett patronfyllt bälte.
Am Gürtel befanden sich ein großer Revolver und ein Jagdmesser, beide unbenutzt.

Bältet innehöll en stor revolver och en jaktkniv, båda oanvända.

Es zeigte, wie unerfahren und ungeeignet er für das Leben im Norden war.

Det visade hur oerfaren och olämplig han var för livet i norr.

Keiner der beiden Männer gehörte in die Wildnis; ihre Anwesenheit widersprach jeder Vernunft.

Ingen av männen hörde hemma i vildmarken; deras närvaro trotsade allt förnuft.

Buck beobachtete, wie das Geld zwischen Käufer und Makler den Besitzer wechselte.

Buck tittade på medan pengar utbyttes mellan köpare och mäklare.

Er wusste, dass die Postzugführer sein Leben wie alle anderen verlassen würden.

Han visste att postlokomotivförarna lämnade hans liv som alla andra.

Sie folgten Perrault und François, die nun unwiederbringlich verschwunden waren.

De följde Perrault och François, nu bortom all återkallelse.

Buck und das Team wurden in das schlampige Lager ihrer neuen Besitzer geführt.

Buck och teamet leddes till sina nya ägares slarviga läger.

Das Zelt hing durch, das Geschirr war schmutzig und alles lag in Unordnung.

Tältet sänkte sig, disken var smutsig och allt låg i oordning.

Buck bemerkte dort auch eine Frau – Mercedes, Charles' Frau und Hals Schwester.

Buck lade också märke till en kvinna där – Mercedes, Charles fru och Hals syster.

Sie bildeten eine vollständige Familie, obwohl sie alles andere als für den Wanderpfad geeignet waren.

De utgjorde en komplett familj, men långt ifrån lämpade för leden.

Buck beobachtete nervös, wie das Trio begann, die Vorräte einzupacken.

Buck tittade nervöst på medan trion började packa förnödenheterna.

Sie arbeiteten hart, aber ohne Ordnung – nur Aufhebens und vergeudete Mühe.

De arbetade hårt men utan ordning – bara ståhej och bortkastad ansträngning.

Das Zelt war zu einer sperrigen Form zusammengerollt und viel zu groß für den Schlitten.

Tältet var rullat ihop till en klumpig form, alldeles för stort för släden.

Schmutziges Geschirr wurde eingepackt, ohne dass es gespült oder getrocknet worden wäre.

Smutsig disk packades utan att ha rengjorts eller torkats alls.

Mercedes flatterte herum, redete, korrigierte und mischte sich ständig ein.

Mercedes fladdrade omkring, pratade, rättade och lade sig ständigt.

Als ein Sack vorne platziert wurde, bestand sie darauf, dass er hinten drankam.

När en säck placerades på framsidan insisterade hon på att den skulle placeras på baksidan.

Sie packte den Sack ganz unten rein und im nächsten Moment brauchte sie ihn.

Hon packade säcken i botten, och i nästa ögonblick behövde hon den.

Also wurde der Schlitten erneut ausgepackt, um an die eine bestimmte Tasche zu gelangen.

Så packades släden upp igen för att nå den enda specifika väskan.

In der Nähe standen drei Männer vor einem Zelt und beobachteten die Szene.

I närheten stod tre män utanför ett tält och såg händelsen utspela sig.

Sie lächelten, zwinkerten und grinsten über die offensichtliche Verwirrung der Neuankömmlinge.

De log, blinkade och flinade åt nykomlingarnas uppenbara förvirring.

„Sie haben schon eine ziemlich schwere Last", sagte einer der Männer.

"Du har redan en riktigt tung börda", sa en av männen.

„Ich glaube nicht, dass Sie das Zelt tragen sollten, aber es ist Ihre Entscheidung."

"Jag tycker inte att du ska bära det där tältet, men det är ditt val."

„Unvorstellbar!", rief Mercedes und warf verzweifelt die Hände in die Luft.

"Odrömt!" ropade Mercedes och slog upp händerna i förtvivlan.

„Wie könnte ich ohne Zelt reisen, unter dem ich übernachten kann?"

"Hur skulle jag kunna resa utan ett tält att bo i?"

„Es ist Frühling – Sie werden kein kaltes Wetter mehr erleben", antwortete der Mann.

"Det är vår – du kommer inte att se kallt väder igen", svarade mannen.

Aber sie schüttelte den Kopf und sie stapelten weiterhin Gegenstände auf den Schlitten.

Men hon skakade på huvudet, och de fortsatte att stapla saker på släden.

Als sie die letzten Dinge hinzufügten, türmte sich die Ladung gefährlich hoch auf.

Bården tornade upp sig farligt högt när de lade till de sista sakerna.

„Glauben Sie, der Schlitten fährt?", fragte einer der Männer mit skeptischem Blick.

"Tror du att släden kommer att gå?" frågade en av männen med en skeptisk blick.

„Warum sollte es nicht?", blaffte Charles mit scharfer Verärgerung zurück.

"Varför skulle det inte?" fräste Charles tillbaka med skarp irritation.

„Oh, das ist schon in Ordnung", sagte der Mann schnell und wich seiner Beleidigung aus.

"Åh, det är okej", sa mannen snabbt och backade undan för att bli förolämpad.

„Ich habe mich nur gewundert – es sah für mich einfach ein bisschen zu kopflastig aus."

"Jag bara undrade – den såg bara lite för tung ut på toppen för mig."

Charles drehte sich um und band die Ladung so gut fest, wie er konnte.

Charles vände sig bort och band fast lasten så gott han kunde.

Allerdings waren die Zurrgurte locker und die Verpackung insgesamt schlecht ausgeführt.

Men surrningarna var lösa och packningen dåligt utförd överlag.

„Klar, die Hunde machen das den ganzen Tag", sagte ein anderer Mann sarkastisch.

"Visst, hundarna kommer att dra på det där hela dagen", sa en annan man sarkastiskt.

„Natürlich", antwortete Hal kalt und packte die lange Lenkstange des Schlittens.

"Självklart", svarade Hal kallt och grep tag i slädens långa gee-stång.

Mit einer Hand an der Stange schwang er mit der anderen die Peitsche.

Med ena handen på stången svingade han piskan i den andra.

„Los geht's!", rief er. „Bewegt euch!", und trieb die Hunde zum Aufbruch an.

"Kom igen!" ropade han. "Flytta på dig!" och manade hundarna att sätta igång.

Die Hunde lehnten sich in das Geschirr und spannten sich einige Augenblicke lang an.

Hundarna lutade sig in i selen och ansträngde sig i några ögonblick.

Dann blieben sie stehen, da sie den überladenen Schlitten keinen Zentimeter bewegen konnten.

Sedan stannade de, oförmögna att röra den överlastade släden en centimeter.

„Diese faulen Bestien!", schrie Hal und hob die Peitsche, um sie zu schlagen.

"De lata odjuren!" skrek Hal och lyfte piskan för att slå dem.

Doch Mercedes stürzte herein und riss Hal die Peitsche aus der Hand.

Men Mercedes rusade in och tog piskan ur Hals händer.

„Oh, Hal, wage es ja nicht, ihnen wehzutun", rief sie alarmiert.

"Åh, Hal, våga inte skada dem", ropade hon förskräckt.

„Versprich mir, dass du nett zu ihnen bist, sonst gehe ich keinen Schritt weiter."

"Lova mig att du ska vara snäll mot dem, annars går jag inte ett steg längre."

„Du weißt nichts über Hunde", fuhr Hal seine Schwester an.

"Du vet ingenting om hundar", fräste Hal åt sin syster.

„Sie sind faul, und die einzige Möglichkeit, sie zu bewegen, besteht darin, sie zu peitschen."

"De är lata, och det enda sättet att flytta dem är att piska dem."

„Fragen Sie irgendjemanden – fragen Sie einen dieser Männer dort drüben, wenn Sie mir nicht glauben."

"Fråga vem som helst – fråga någon av de där männen där borta om du tvivlar på mig."

Mercedes sah die Zuschauer mit flehenden, tränennassen Augen an.

Mercedes tittade på åskådarna med bedjande, tårfyllda ögon.

Ihr Gesicht zeigte, wie sehr sie den Anblick jeglichen Schmerzes hasste.

Hennes ansikte visade hur djupt hon avskydde synen av all smärta.

„Sie sind schwach, das ist alles", sagte ein Mann. „Sie sind erschöpft."

"De är svaga, det är allt", sa en man. "De är utmattade."

„Sie brauchen Ruhe – sie haben zu lange ohne Pause gearbeitet."

"De behöver vila – de har arbetat för länge utan paus."

„Der Rest sei verflucht", murmelte Hal mit verzogenen Lippen.

"Må resten vara förbannad", muttrade Hal med krökt läpp.
Mercedes schnappte nach Luft, sein grobes Wort schmerzte sie sichtlich.
Mercedes kippade efter andan, tydligt smärtad av hans grova ord.
Dennoch blieb sie loyal und verteidigte ihren Bruder sofort.
Ändå förblev hon lojal och försvarade omedelbart sin bror.
„Kümmere dich nicht um den Mann", sagte sie zu Hal. „Das sind unsere Hunde."
"Bry dig inte om den mannen", sa hon till Hal. "De är våra hundar."
„Fahren Sie sie, wie Sie es für richtig halten – tun Sie, was Sie für richtig halten."
"Du kör dem som du tycker passar – gör vad du anser vara rätt."
Hal hob die Peitsche und schlug die Hunde erneut gnadenlos.
Hal höjde piskan och slog hundarna igen utan nåd.
Sie stürzten sich nach vorne, die Körper tief gebeugt, die Füße in den Schnee gedrückt.
De kastade sig framåt, med kropparna lågt nedböjda och fötterna nedtryckta i snön.
Sie gaben sich alle Mühe, den Schlitten zu ziehen, aber er bewegte sich nicht.
All deras kraft gick åt till att dra, men släden rörde sig inte.
Der Schlitten blieb wie ein im Schnee festgefrorener Anker stecken.
Kälken satt fast, som ett ankare som frusit fast i den packade snön.
Nach einem zweiten Versuch blieben die Hunde wieder stehen und keuchten schwer.
Efter en andra ansträngning stannade hundarna igen, flåsande häftigt.
Hal hob die Peitsche noch einmal, gerade als Mercedes erneut eingriff.
Hal höjde piskan ännu en gång, just som Mercedes ingrep igen.

Sie fiel vor Buck auf die Knie und umarmte seinen Hals.
Hon föll ner på knä framför Buck och kramade hans hals.
Tränen traten ihr in die Augen, als sie den erschöpften Hund anflehte.
Tårar fyllde hennes ögon när hon vädjade till den utmattade hunden.
„Ihr Armen", sagte sie, „warum zieht ihr nicht einfach stärker?"
"Ni stackars kära", sa hon, "varför drar ni inte bara hårdare?"
„Wenn du ziehst, wirst du nicht so ausgepeitscht."
"Om du drar, så slipper du bli piskad så här."
Buck mochte Mercedes nicht, aber er war zu müde, um ihr jetzt zu widerstehen.
Buck ogillade Mercedes, men han var för trött för att göra motstånd mot henne nu.
Er akzeptierte ihre Tränen als einen weiteren Teil dieses elenden Tages.
Han accepterade hennes tårar som bara ytterligare en del av den eländiga dagen.
Einer der zuschauenden Männer ergriff schließlich das Wort, nachdem er seinen Ärger unterdrückt hatte.
En av männen som tittade på talade äntligen efter att ha hållit tillbaka sin ilska.
„Es ist mir egal, was mit euch passiert, Leute, aber diese Hunde sind wichtig."
"Jag bryr mig inte om vad som händer med er, men de där hundarna spelar roll."
„Wenn du helfen willst, mach den Schlitten los – er ist am Schnee festgefroren."
"Om du vill hjälpa till, bryt loss den där släden – den är fastfrusen."
„Drücken Sie fest auf die Gee-Stange, rechts und links, und brechen Sie die Eisversiegelung."
"Tryck hårt på isstången, till höger och vänster, och bryt istätningen."
Ein dritter Versuch wurde unternommen, diesmal auf Vorschlag des Mannes.

Ett tredje försök gjordes, den här gången efter mannens
förslag.
**Hal schaukelte den Schlitten von einer Seite auf die andere
und löste so die Kufen.**
Hal gungade släden från sida till sida och lossade medarna.
**Obwohl der Schlitten überladen und unhandlich war,
machte er schließlich einen Satz nach vorne.**
Kälken, fastän överlastad och otymplig, ryckte slutligen
framåt.
**Buck und die anderen zogen wild, angetrieben von einem
Sturm aus Schleudertraumen.**
Buck och de andra drog vilt, drivna av en storm av
pisksnärtskor.
**Hundert Meter weiter machte der Weg eine Biegung und
führte in die Straße hinein.**
Hundra meter framåt slingrade sig stigen och sluttade ner i
gatan.
**Um den Schlitten aufrecht zu halten, hätte es eines
erfahrenen Fahrers bedurft.**
Det skulle ha krävts en skicklig förare för att hålla släden
upprätt.
**Hal war nicht geschickt und der Schlitten kippte, als er um
die Kurve schwang.**
Hal var inte skicklig, och släden tippade när den svängde runt
kurvan.
**Lose Zurrgurte gaben nach und die Hälfte der Ladung
ergoss sich auf den Schnee.**
Lösa surrningar gav vika, och hälften av lasten spilldes ut på
snön.
**Die Hunde hielten nicht an; der leichtere Schlitten flog auf
der Seite weiter.**
Hundarna stannade inte; den lättare släden flög fram på sidan.
**Wütend über die Beschimpfungen und die schwere Last
rannten die Hunde noch schneller.**
Ilska över misshandeln och den tunga bördan sprang
hundarna snabbare.
Buck rannte wütend los und das Team folgte ihm.

Buck, i raseri, började springa, med spannet efter.
Hal rief „Whoa! Whoa!", aber das Team beachtete ihn nicht.
Hal ropade "Whoa! Whoa!" men teamet brydde sig inte om honom.
Er stolperte, fiel und wurde am Geschirr über den Boden geschleift.
Han snubblade, föll och släpades längs marken i selen.
Der umgekippte Schlitten wurde über ihn geworfen, als die Hunde weiterrasten.
Den omkullvälta släden stötte över honom medan hundarna rusade vidare.
Die restlichen Vorräte verteilten sich über die belebte Straße von Skaguay.
Resten av förnödenheterna spreds över Skaguays livliga gata.
Gutherzige Menschen eilten herbei, um die Hunde anzuhalten und die Ausrüstung einzusammeln.
Vänliga människor skyndade sig för att stoppa hundarna och samla ihop utrustningen.
Sie gaben den neuen Reisenden auch direkte und praktische Ratschläge.
De gav också råd, raka och praktiska, till de nya resenärerna.
„Wenn Sie Dawson erreichen wollen, nehmen Sie die halbe Ladung und die doppelte Anzahl an Hunden mit."
"Om du vill nå Dawson, ta halva lasten och dubbla antalet hundar."
Hal, Charles und Mercedes hörten zu, wenn auch nicht mit Begeisterung.
Hal, Charles och Mercedes lyssnade, men inte med entusiasm.
Sie bauten ihr Zelt auf und begannen, ihre Vorräte zu sortieren.
De slog upp sitt tält och började sortera sina förnödenheter.
Heraus kamen Konserven, die die Zuschauer laut lachen ließen.
Ut kom konserver, vilket fick åskådarna att skratta högt.
„Konserven auf dem Weg? Bevor die schmelzen, verhungern Sie", sagte einer.

"Konserver på leden? Du kommer att svälta innan det smälter", sa en av dem.
„Hoteldecken? Die wirfst du am besten alle weg."
"Hotellfiltar? Det är bättre att slänga ut dem alla."
„Schmeißen Sie auch das Zelt weg, und hier spült niemand mehr Geschirr."
"Släng tältet också, så diskar ingen här."
„Sie glauben, Sie fahren in einem Pullman-Zug mit Bediensteten an Bord?"
"Tror du att du åker Pullman-tåg med tjänare ombord?"
Der Prozess begann – jeder nutzlose Gegenstand wurde beiseite geworfen.
Processen började – varje onödigt föremål kastades åt sidan.
Mercedes weinte, als ihre Taschen auf den schneebedeckten Boden geleert wurden.
Mercedes grät när hennes väskor tömdes på den snötäckta marken.
Sie schluchzte ohne Pause über jeden einzelnen hinausgeworfenen Gegenstand.
Hon snyftade över varje föremål som kastades ut, ett efter ett, utan uppehåll.
Sie schwor, keinen Schritt weiterzugehen – nicht einmal für zehn Charleses.
Hon svor att inte gå ett steg till – inte ens för tio karlar.
Sie flehte alle Menschen in ihrer Nähe an, ihr ihre wertvollen Sachen zu überlassen.
Hon bad alla i närheten att låta henne behålla sina dyrbara saker.
Schließlich wischte sie sich die Augen und begann, auch die wichtigsten Kleidungsstücke wegzuwerfen.
Till slut torkade hon sig om ögonen och började slänga även viktiga kläder.
Als sie mit ihrem eigenen fertig war, begann sie, die Vorräte der Männer auszuräumen.
När hon var klar med sina egna började hon tömma männens förnödenheter.

Wie ein Wirbelwind verwüstete sie die Habseligkeiten von Charles und Hal.
Som en virvelvind slet hon sig igenom Charles och Hals tillhörigheter.
Obwohl die Ladung halbiert wurde, war sie immer noch viel schwerer als nötig.
Även om lasten halverades var den fortfarande mycket tyngre än vad som behövdes.
In dieser Nacht gingen Charles und Hal los und kauften sechs neue Hunde.
Den kvällen gick Charles och Hal ut och köpte sex nya hundar.
Diese neuen Hunde gesellten sich zu den ursprünglichen sechs, plus Teek und Koona.
Dessa nya hundar anslöt sig till de ursprungliga sex, plus Teek och Koona.
Zusammen bildeten sie ein Gespann aus vierzehn Hunden, die vor den Schlitten gespannt wurden.
Tillsammans bildade de ett spann på fjorton hundar spända för släden.
Doch die neuen Hunde waren für die Schlittenarbeit ungeeignet und schlecht ausgebildet.
Men de nya hundarna var olämpliga och dåligt tränade för slädarbete.
Drei der Hunde waren kurzhaarige Vorstehhunde und einer war ein Neufundländer.
Tre av hundarna var korthåriga pointers, och en var en newfoundland.
Bei den letzten beiden Hunden handelte es sich um Mischlinge ohne eindeutige Rasse oder Zweckbestimmung.
De två sista hundarna var muttar utan någon tydlig ras eller syfte alls.
Sie haben den Weg nicht verstanden und ihn nicht schnell gelernt.
De förstod inte leden, och de lärde sig den inte snabbt.
Buck und seine Kameraden beobachteten sie mit Verachtung und tiefer Verärgerung.

Buck och hans kamrater iakttog dem med hån och djup irritation.
Obwohl Buck ihnen beibrachte, was sie nicht tun sollten, konnte er ihnen keine Pflicht beibringen.
Även om Buck lärde dem vad de inte skulle göra, kunde han inte lära dem plikt.
Sie kamen mit dem Leben auf dem Wanderpfad und dem Ziehen von Zügeln und Schlitten nicht gut zurecht.
De trivdes inte med livet på spåren eller dragandet i tyglar och slädar.
Nur die Mischlinge versuchten, sich anzupassen, und selbst ihnen fehlte der Kampfgeist.
Endast blandraserna försökte anpassa sig, och även de saknade kampanda.
Die anderen Hunde waren durch ihr neues Leben verwirrt, geschwächt und gebrochen.
De andra hundarna var förvirrade, försvagade och trasiga av sitt nya liv.
Da die neuen Hunde ahnungslos und die alten erschöpft waren, gab es kaum Hoffnung.
Med de nya hundarna utan aning och de gamla utmattade var hoppet tunt.
Bucks Team hatte zweitausendfünfhundert Meilen eines rauen Pfades zurückgelegt.
Bucks team hade tillryggalagt tjugofemhundra mil av karg stig.
Dennoch waren die beiden Männer fröhlich und stolz auf ihr großes Hundegespann.
Ändå var de två männen glada och stolta över sitt stora hundspann.
Sie dachten, sie würden mit Stil reisen, mit vierzehn Hunden an der Leine.
De tyckte att de reste med stil, med fjorton hundar kopplade.
Sie hatten gesehen, wie Schlitten nach Dawson aufbrachen und andere von dort ankamen.
De hade sett slädar avgå till Dawson, och andra anlända därifrån.

Aber noch nie hatten sie eins gesehen, das von bis zu vierzehn Hunden gezogen wurde.
Men aldrig hade de sett en dragen av så många som fjorton hundar.
Es gab einen Grund, warum solche Teams in der arktischen Wildnis selten waren.
Det fanns en anledning till att sådana lag var sällsynta i den arktiska vildmarken.
Kein Schlitten konnte genug Futter transportieren, um vierzehn Hunde für die Reise zu versorgen.
Ingen släde kunde bära tillräckligt med mat för att föda fjorton hundar under resan.
Aber Charles und Hal wussten das nicht – sie hatten nachgerechnet.
Men Charles och Hal visste inte det – de hade räknat ut det.
Sie haben das Futter berechnet: so viel pro Hund, so viele Tage, fertig.
De skrev ut maten med blyertspenna: så mycket per hund, så många dagar, klart.
Mercedes betrachtete ihre Zahlen und nickte, als ob es Sinn machte.
Mercedes tittade på deras siffror och nickade som om det lät logiskt.
Zumindest auf dem Papier erschien ihr alles sehr einfach.
Allt verkade väldigt enkelt för henne, åtminstone på pappret.

Am nächsten Morgen führte Buck das Team langsam die verschneite Straße hinauf.
Nästa morgon ledde Buck teamet långsamt uppför den snötäckta gatan.
Weder er noch die Hunde hinter ihm hatten Energie oder Tatendrang.
Det fanns ingen energi eller anda i honom eller hundarna bakom honom.
Sie waren von Anfang an todmüde, es waren keine Reserven mehr vorhanden.
De var dödströtta från början – det fanns ingen reserv kvar.

Buck hatte bereits vier Fahrten zwischen Salt Water und Dawson unternommen.
Buck hade redan gjort fyra resor mellan Salt Water och Dawson.
Als er nun erneut vor derselben Spur stand, empfand er nichts als Bitterkeit.
Nu, inför samma spår igen, kände han inget annat än bitterhet.
Er war nicht mit dem Herzen dabei und die anderen Hunde auch nicht.
Hans hjärta var inte med i det, och inte heller de andra hundarnas hjärtan.
Die neuen Hunde waren schüchtern und den Huskys fehlte jegliches Vertrauen.
De nya hundarna var blyga, och huskyerna saknade all förtroende.
Buck spürte, dass er sich auf diese beiden Männer oder ihre Schwester nicht verlassen konnte.
Buck kände att han inte kunde lita på dessa två män eller deras syster.
Sie wussten nichts und zeigten auf dem Weg keine Anzeichen, etwas zu lernen.
De visste ingenting och visade inga tecken på att ha lärt sig under resans gång.
Sie waren unorganisiert und es fehlte ihnen jeglicher Sinn für Disziplin.
De var oorganiserade och saknade all disciplin.
Sie brauchten jedes Mal die halbe Nacht, um ein schlampiges Lager aufzubauen.
Det tog dem halva natten att slå upp ett slarvigt läger varje gång.
Und den halben nächsten Morgen verbrachten sie wieder damit, am Schlitten herumzufummeln.
Och halva nästa morgon tillbringade de med att fumla med släden igen.
Gegen Mittag hielten sie oft nur an, um die ungleichmäßige Beladung zu korrigieren.

Vid middagstid stannade de ofta bara för att laga den ojämna lasten.

An manchen Tagen legten sie insgesamt weniger als sechzehn Kilometer zurück.

Vissa dagar reste de mindre än tio mil totalt.

An anderen Tagen schafften sie es überhaupt nicht, das Lager zu verlassen.

Andra dagar lyckades de inte lämna lägret alls.

Sie kamen nie auch nur annähernd an die geplante Nahrungsdistanz heran.

De kom aldrig i närheten av att täcka den planerade matdistansen.

Wie erwartet ging das Futter für die Hunde sehr schnell aus.

Som väntat fick de snabbt ont om mat till hundarna.

Sie haben die Sache noch schlimmer gemacht, indem sie in den ersten Tagen zu viel gefüttert haben.

De förvärrade saken genom att övermata dem i början.

Mit jeder unvorsichtigen Ration rückte der Hungertod näher.

Detta förde svälten närmare med varje slarvig ranson.

Die neuen Hunde hatten nicht gelernt, mit sehr wenig zu überleben.

De nya hundarna hade inte lärt sig att överleva på särskilt lite.

Sie aßen hungrig, ihr Appetit war zu groß für den Weg.

De åt hungrigt, med aptit för stor för leden.

Als Hal sah, wie die Hunde schwächer wurden, glaubte er, dass das Futter nicht ausreichte.

När Hal såg hundarna försvagas trodde han att maten inte räckte till.

Er verdoppelte die Rationen und verschlimmerte damit den Fehler noch.

Han fördubblade ransonerna, vilket gjorde misstaget ännu värre.

Mercedes verschärfte das Problem mit Tränen und leisem Flehen.

Mercedes förvärrade problemet med tårar och mjuka vädjanden.

Als sie Hal nicht überzeugen konnte, fütterte sie die Hunde heimlich.
När hon inte kunde övertyga Hal, matade hon hundarna i hemlighet.
Sie stahl den Fisch aus den Säcken und gab ihn ihnen hinter seinem Rücken.
Hon stal från fisksäckarna och gav det till dem bakom hans rygg.
Doch was die Hunde wirklich brauchten, war nicht mehr Futter, sondern Ruhe.
Men vad hundarna verkligen behövde var inte mer mat – det var vila.
Sie kamen nur langsam voran, aber der schwere Schlitten schleppte sich trotzdem weiter.
De hade dålig tid, men den tunga släden släpade sig fortfarande framåt.
Allein dieses Gewicht zehrte jeden Tag an ihrer verbleibenden Kraft.
Bara den vikten tömde deras återstående styrka varje dag.
Dann kam es zur Phase der Unterernährung, da die Vorräte zur Neige gingen.
Sedan kom stadiet av undernäring när tillgångarna började ta slut.
Eines Morgens stellte Hal fest, dass die Hälfte des Hundefutters bereits weg war.
Hal insåg en morgon att hälften av hundmaten redan var slut.
Sie hatten nur ein Viertel der gesamten Wegstrecke zurückgelegt.
De hade bara tillryggalagt en fjärdedel av den totala sträckan.
Es konnten keine Lebensmittel mehr gekauft werden, egal zu welchem Preis.
Ingen mer mat kunde köpas, oavsett vilket pris som erbjöds.
Er reduzierte die Portionen der Hunde unter die normale Tagesration.
Han minskade hundarnas portioner under den vanliga dagliga ransonen.

Gleichzeitig forderte er längere Reisemöglichkeiten, um die Verluste auszugleichen.
Samtidigt krävde han längre resor för att kompensera för förlusten.

Mercedes und Charles unterstützten diesen Plan, scheiterten jedoch bei der Umsetzung.
Mercedes och Charles stödde denna plan, men misslyckades med genomförandet.

Ihr schwerer Schlitten und ihre mangelnden Fähigkeiten machten ein Vorankommen nahezu unmöglich.
Deras tunga släde och brist på skicklighet gjorde framsteg nästan omöjliga.

Es war einfach, weniger Futter zu geben, aber unmöglich, mehr Anstrengung zu erzwingen.
Det var lätt att ge mindre mat, men omöjligt att tvinga fram mer ansträngning.

Sie konnten weder früher anfangen, noch konnten sie Überstunden machen.
De kunde inte börja tidigt, och de kunde inte heller resa i extra timmar.

Sie wussten nicht, wie sie mit den Hunden und überhaupt mit sich selbst arbeiten sollten.
De visste inte hur man skulle arbeta med hundarna, och inte heller sig själva för den delen.

Der erste Hund, der starb, war Dub, der unglückliche, aber fleißige Dieb.
Den första hunden som dog var Dub, den olycklige men hårt arbetande tjuven.

Obwohl Dub oft bestraft wurde, leistete er ohne zu klagen seinen Beitrag.
Även om Dub ofta blev straffad, hade han klarat sitt strå utan att klaga.

Seine Schulterverletzung verschlimmerte sich ohne Pflege und nötige Ruhe.
Hans skadade axel förvärrades utan vård eller behövde vila.

Schließlich beendete Hal mit dem Revolver Dubs Leiden.

Slutligen använde Hal revolvern för att få slut på Dubs lidande.

Ein gängiges Sprichwort besagt, dass normale Hunde an der Husky-Ration sterben.

Ett vanligt talesätt hävdade att vanliga hundar dör på huskyransoner.

Bucks sechs neue Gefährten bekamen nur die Hälfte des Futteranteils des Huskys.

Bucks sex nya följeslagare fick bara hälften av huskyens andel av mat.

Zuerst starb der Neufundländer, dann die drei kurzhaarigen Vorstehhunde.

Newfoundländaren dog först, sedan de tre korthåriga pointerarna.

Die beiden Mischlinge hielten länger durch, kamen aber schließlich wie die anderen um.

De två blandraserna höll ut längre men omkom slutligen liksom de andra.

Zu diesem Zeitpunkt waren alle Annehmlichkeiten und die Sanftheit des Südens verschwunden.

Vid det här laget var alla bekvämligheter och den vänliga atmosfären i Southland borta.

Die drei Menschen hatten die letzten Spuren ihrer zivilisierten Erziehung abgelegt.

De tre personerna hade lagt de sista spåren av sin civiliserade uppväxt ifrån sig.

Ohne Glamour und Romantik wurde das Reisen in die Arktis zur brutalen Realität.

Utan glamour och romantik blev resor i Arktis brutalt verkliga.

Es war eine Realität, die zu hart für ihr Männlichkeits- und Weiblichkeitsgefühl war.

Det var en verklighet som var alltför hård för deras känsla av manlighet och kvinnlighet.

Mercedes weinte nicht mehr um die Hunde, sondern nur noch um sich selbst.

Mercedes grät inte längre över hundarna, utan grät nu bara över sig själv.
Sie verbrachte ihre Zeit damit, zu weinen und mit Hal und Charles zu streiten.
Hon tillbringade sin tid med att gråta och gräla med Hal och Charles.
Streiten war das Einzige, wozu sie nie zu müde waren.
Att gräla var det enda de aldrig var för trötta för att göra.
Ihre Gereiztheit rührte vom Elend her, wuchs mit ihm und übertraf es.
Deras irritabilitet kom från eländet, växte med det och överträffade det.
Die Geduld des Weges, die diejenigen kennen, die sich abmühen und freundlich leiden, kam nie.
Tålamodet på stigen, känt för dem som sliter och lider vänligt, kom aldrig.
Diese Geduld, die die Sprache trotz Schmerzen süß hält, war ihnen unbekannt.
Det tålamod, som håller talet sött trots smärta, var okänt för dem.
Sie besaßen nicht die geringste Spur von Geduld und schöpften keine Kraft aus dem anmutigen Leiden.
De hade ingen tillstymmelse till tålamod, ingen styrka hämtad från lidande med nåd.
Sie waren steif vor Schmerz – ihre Muskeln, Knochen und ihr Herz schmerzten.
De var stela av smärta – värkande i muskler, ben och hjärtan.
Aus diesem Grund bekamen sie eine scharfe Zunge und waren schnell im Umgang mit harten Worten.
På grund av detta blev de skarpa i tungan och snabba med hårda ord.
Jeder Tag begann und endete mit wütenden Stimmen und bitteren Klagen.
Varje dag började och slutade med ilskna röster och bittra klagomål.
Charles und Hal stritten sich, wann immer Mercedes ihnen eine Chance gab.

Charles och Hal bråkade närhelst Mercedes gav dem en chans.
Jeder Mann glaubte, dass er mehr als seinen gerechten Anteil an der Arbeit geleistet hatte.
Varje man trodde att han gjorde mer än sin rättmätiga del av arbetet.
Keiner von beiden ließ es sich je entgehen, dies immer wieder zu sagen.
Ingen av dem missade någonsin en chans att säga det, om och om igen.
Manchmal stand Mercedes auf der Seite von Charles, manchmal auf der Seite von Hal.
Ibland ställde Mercedes sig på Charles sida, ibland på Hals sida.
Dies führte zu einem großen und endlosen Streit zwischen den dreien.
Detta ledde till ett storslaget och oändligt gräl mellan de tre.
Ein Streit darüber, wer Brennholz hacken sollte, geriet außer Kontrolle.
En tvist om vem som skulle hugga ved växte överstyr.
Bald wurden Väter, Mütter, Cousins und verstorbene Verwandte genannt.
Snart namngavs fäder, mödrar, kusiner och avlidna släktingar.
Hal's Ansichten über Kunst oder die Theaterstücke seines Onkels wurden Teil des Kampfes.
Hals åsikter om konst eller hans farbrors pjäser blev en del av kampen.
Auch Charles' politische Überzeugungen wurden in die Debatte einbezogen.
Charles politiska övertygelser kom också in i debatten.
Für Mercedes schienen sogar die Gerüchte über die Schwester ihres Mannes relevant zu sein.
För Mercedes verkade till och med hennes mans systers skvaller relevanta.
Sie äußerte ihre Meinung dazu und zu vielen Fehlern in Charles' Familie.
Hon luftade åsikter om det och om många av Charles familjs brister.

Während sie stritten, blieb das Feuer aus und das Lager war halb fertig.
Medan de grälade förblev elden släckt och lägret halvfärdigt.
In der Zwischenzeit waren die Hunde unterkühlt und hatten nichts zu fressen.
Under tiden förblev hundarna kalla och utan mat.
Mercedes hegte einen Groll, den sie als zutiefst persönlich betrachtete.
Mercedes hade ett klagomål som hon ansåg vara djupt personligt.
Sie fühlte sich als Frau misshandelt und fühlte sich ihrer Privilegien beraubt.
Hon kände sig illa behandlad som kvinna, nekad sina vänliga privilegier.
Sie war hübsch und sanft und pflegte ihr ganzes Leben lang ritterliche Gesten.
Hon var vacker och mjuk, och van vid ridderlighet hela sitt liv.
Doch ihr Mann und ihr Bruder begegneten ihr nun mit Ungeduld.
Men hennes man och bror behandlade henne nu med otålighet.
Sie hatte die Angewohnheit, sich hilflos zu verhalten, und sie begannen, sich zu beschweren.
Hennes vana var att bete sig hjälplös, och de började klaga.
Sie war davon beleidigt und machte ihnen das Leben noch schwerer.
Kränkt av detta gjorde hon deras liv ännu svårare.
Sie ignorierte die Hunde und bestand darauf, den Schlitten selbst zu fahren.
Hon ignorerade hundarna och insisterade på att åka släde själv.
Obwohl sie von leichter Gestalt war, wog sie fünfundvierzig Kilo.
Även om hon var lätt till utseendet vägde hon 45 kilo.
Diese zusätzliche Belastung war zu viel für die hungernden, schwachen Hunde.

Den extra bördan var för mycket för de svältande, svaga hundarna.
Trotzdem ritt sie tagelang, bis die Hunde in den Zügeln zusammenbrachen.
Ändå red hon i dagar, tills hundarna kollapsade i tyglarna.
Der Schlitten stand still und Charles und Hal baten sie, zu laufen.
Släden stod stilla, och Charles och Hal bad henne att gå.
Sie flehten und flehten, aber sie weinte und nannte sie grausam.
De vädjade och bönföll, men hon grät och kallade dem grymma.
Einmal zogen sie sie mit purer Kraft und Wut vom Schlitten.
Vid ett tillfälle drog de henne av släden med ren kraft och ilska.
Nach dem, was damals passiert ist, haben sie es nie wieder versucht.
De försökte aldrig igen efter det som hände den gången.
Sie wurde schlaff wie ein verwöhntes Kind und setzte sich in den Schnee.
Hon slapp som ett bortskämt barn och satte sig i snön.
Sie gingen weiter, aber sie weigerte sich aufzustehen oder ihnen zu folgen.
De gick vidare, men hon vägrade att resa sig eller följa efter.
Nach drei Meilen hielten sie an, kehrten um und trugen sie zurück.
Efter tre mil stannade de, återvände och bar henne tillbaka.
Sie luden sie wieder auf den Schlitten, wobei sie erneut rohe Gewalt anwandten.
De lastade henne om på släden, återigen med råstyrka.
In ihrem tiefen Elend zeigten sie gegenüber dem Leid der Hunde keine Skrupel.
I sin djupa elände var de okänsliga för hundarnas lidande.
Hal glaubte, man müsse sich abhärten und zwang anderen diesen Glauben auf.
Hal trodde att man måste förhärdas och tvingade den tron på andra.

Er versuchte zunächst, seiner Schwester seine Philosophie zu predigen
Han försökte först predika sin filosofi för sin syster
und dann predigte er erfolglos seinem Schwager.
och sedan, utan framgång, predikade han för sin svåger.
Bei den Hunden hatte er mehr Erfolg, aber nur, weil er ihnen weh tat.
Han hade större framgång med hundarna, men bara för att han skadade dem.
Bei Five Fingers ist das Hundefutter komplett ausgegangen.
På Five Fingers tog hundmaten slut helt.
Eine zahnlose alte Squaw verkaufte ein paar Pfund gefrorenes Pferdeleder
En tandlös gammal squat sålde några kilo fryst hästskinn
Hal tauschte seinen Revolver gegen das getrocknete Pferdefell.
Hal bytte sin revolver mot det torkade hästskinnet.
Das Fleisch stammte von den Pferden der Viehzüchter, die Monate zuvor verhungert waren.
Köttet hade kommit från svältande hästar eller boskapsuppfödare månader tidigare.
Gefroren war die Haut wie verzinktes Eisen: zäh und ungenießbar.
Fryst var huden som galvaniserat järn; seg och oätlig.
Die Hunde mussten endlos auf dem Fell herumkauen, um es zu fressen.
Hundarna var tvungna att tugga oavbrutet på skinnet för att äta det.
Doch die ledrigen Fäden und das kurze Haar waren kaum Nahrung.
Men de läderartade strängarna och det korta håret var knappast näring.
Das Fell war größtenteils irritierend und kein echtes Nahrungsmittel.
Det mesta av huden var irriterande, och inte mat i någon egentlig bemärkelse.

Und während all dem taumelte Buck vorne herum, wie in einem Albtraum.
Och genom alltihop stapplade Buck framme, som i en mardröm.
Er zog, wenn er dazu in der Lage war; wenn nicht, blieb er liegen, bis er mit einer Peitsche oder einem Knüppel hochgehoben wurde.
Han drog när han kunde; när han inte kunde, låg han kvar tills piska eller klubba lyfte honom.
Sein feines, glänzendes Fell hatte jegliche Steifheit und jeglichen Glanz verloren, den es einst hatte.
Hans fina, glansiga päls hade förlorat all stelhet och glans den en gång haft.
Sein Haar hing schlaff herunter, war zerzaust und mit getrocknetem Blut von den Schlägen verklebt.
Hans hår hängde slappt, släpigt och koagulerat av torkat blod från slagen.
Seine Muskeln schrumpften zu Sehnen und seine Fleischpolster waren völlig abgenutzt.
Hans muskler krympte till strängar, och hans köttytor var alla slitna bort.
Jede Rippe, jeder Knochen war deutlich durch die Falten der runzligen Haut zu sehen.
Varje revben, varje ben syntes tydligt genom vecken av rynkig hud.
Es war herzzerreißend, doch Bucks Herz konnte nicht brechen.
Det var hjärtskärande, men Bucks hjärta kunde inte krossas.
Der Mann im roten Pullover hatte das getestet und vor langer Zeit bewiesen.
Mannen i den röda tröjan hade testat det och bevisat det för länge sedan.
So wie es bei Buck war, war es auch bei allen seinen übrigen Teamkollegen.
Som det var med Buck, så var det med alla hans återstående lagkamrater.

Insgesamt waren es sieben, jeder einzelne ein wandelndes Skelett des Elends.
Det var sju totalt, var och en ett vandrande skelett av elände.
Sie waren gegenüber den Peitschenhieben taub geworden und spürten nur noch entfernten Schmerz.
De hade blivit avdomnade för att kunna piska och kände bara avlägsen smärta.
Sogar Bild und Ton erreichten sie nur schwach, wie durch dichten Nebel.
Till och med syn och ljud nådde dem svagt, som genom en tjock dimma.
Sie waren nicht halb lebendig – es waren Knochen mit schwachen Funken darin.
De var inte halvt levande – de var ben med svaga gnistor inuti.
Als sie angehalten wurden, brachen sie wie Leichen zusammen, ihre Funken waren fast erloschen.
När de stannade kollapsade de som lik, deras gnistor nästan borta.
Und als die Peitsche oder der Knüppel erneut zuschlug, sprühten schwache Funken.
Och när piskan eller klubban slog till igen, fladdrade gnistorna svagt.
Dann erhoben sie sich, taumelten vorwärts und schleiften ihre Gliedmaßen vor sich her.
Sedan reste de sig, stapplade framåt och släpade sina lemmar framåt.
Eines Tages stürzte der nette Billee und konnte überhaupt nicht mehr aufstehen.
En dag föll den snälle Billee och kunde inte längre resa sig alls.
Hal hatte seinen Revolver eingetauscht und benutzte stattdessen eine Axt, um Billee zu töten.
Hal hade bytt bort sin revolver, så han använde en yxa för att döda Billee istället.
Er schlug ihm auf den Kopf, schnitt dann seinen Körper los und schleifte ihn weg.

Han slog honom i huvudet, skar sedan loss hans kropp och släpade bort den.
Buck sah dies und die anderen auch; sie wussten, dass der Tod nahe war.
Buck såg detta, och det gjorde även de andra; de visste att döden var nära.
Am nächsten Tag ging Koona und ließ nur fünf Hunde im hungernden Team zurück.
Nästa dag åkte Koona och lämnade bara fem hundar i det svältande spannet.
Joe war nicht länger gemein, sondern zu weit weg, um überhaupt noch viel mitzubekommen.
Joe, inte längre elak, var för långt borta för att vara medveten om särskilt mycket alls.
Pike täuschte seine Verletzung nicht länger vor und war kaum bei Bewusstsein.
Pike, som inte längre fejkade sin skada, var knappt medveten.
Solleks, der immer noch treu war, beklagte, dass er nicht mehr die Kraft hatte, etwas zu geben.
Solleks, fortfarande trogen, sörjde att han inte hade någon styrka att ge.
Teek wurde am häufigsten geschlagen, weil er frischer war, aber schnell nachließ.
Teek blev mest slagen för att han var fräschare, men tynade bort snabbt.
Und Buck, der immer noch in Führung lag, sorgte nicht länger für Ordnung und setzte sie auch nicht durch.
Och Buck, fortfarande i ledningen, höll inte längre ordningen eller upprätthöll den.
Halb blind vor Schwäche folgte Buck der Spur nur nach Gefühl.
Halvblind av svaghet följde Buck spåret ensam på känslan.
Es war schönes Frühlingswetter, aber keiner von ihnen bemerkte es.
Det var vackert vårväder, men ingen av dem märkte det.
Jeden Tag ging die Sonne früher auf und später unter als zuvor.

Varje dag gick solen upp tidigare och ner senare än tidigare.
Um drei Uhr morgens dämmerte es, die Dämmerung dauerte bis neun Uhr.
Vid tre på morgonen hade gryningen kommit; skymningen varade till nio.
Die langen Tage waren erfüllt von der vollen Strahlkraft des Frühlingssonnenscheins.
De långa dagarna var fyllda av vårsolens fulla strålar.
Die gespenstische Stille des Winters hatte sich in ein warmes Murmeln verwandelt.
Vinterns spöklika tystnad hade förvandlats till ett varmt sorl.
Das ganze Land erwachte und war erfüllt von der Freude am Leben.
Hela landet vaknade, levande av glädjen över levande varelser.
Das Geräusch kam von etwas, das den Winter über tot und reglos dagelegen hatte.
Ljudet kom från det som hade legat dött och stilla genom vintern.
Jetzt bewegten sich diese Dinger wieder und schüttelten den langen Frostschlaf ab.
Nu rörde sig de där sakerna igen och skakade av sig den långa frostsömnen.
Saft stieg durch die dunklen Stämme der wartenden Kiefern.
Sav steg upp genom de mörka stammarna på de väntande tallarna.
An jedem Zweig von Weiden und Espen treiben leuchtende junge Knospen aus.
Pil och aspar slår ut ljusa unga knoppar på varje kvist.
Sträucher und Weinreben erstrahlten in frischem Grün, als der Wald zum Leben erwachte.
Buskar och vinrankor fick frisk grönska när skogen vaknade till liv.
Nachts zirpten Grillen und in der Sonne krabbelten Käfer.
Syrsor kvittrade på natten, och insekter kröp i dagsljussolen.

Rebhühner dröhnten und Spechte klopften tief in den Bäumen.
Rapphöns dundrade, och hackspettar knackade djupt uppe i träden.
Eichhörnchen schnatterten, Vögel sangen und Gänse schnatterten über den Hunden.
Ekorrar kvittrade, fåglar sjöng och gäss tutade över hundarna.
Das Wildgeflügel kam in scharfen Keilen und flog aus dem Süden heran.
Vildfåglarna kom i vassa flockar, flygande upp från söder.
Von jedem Hügel ertönte die Musik verborgener, rauschender Bäche.
Från varje sluttning hördes musiken från dolda, forsande bäckar.
Alles taute auf, brach, bog sich und geriet wieder in Bewegung.
Allt tinade och brast av, böjde sig och började röra sig igen.
Der Yukon bemühte sich, die Kälteketten des gefrorenen Eises zu durchbrechen.
Yukon ansträngde sig för att bryta den frusna isens kalla kedjor.
Das Eis schmolz von unten, während die Sonne es von oben zum Schmelzen brachte.
Isen smälte under, medan solen smälte den ovanifrån.
Luftlöcher öffneten sich, Risse breiteten sich aus und Brocken fielen in den Fluss.
Lufthål öppnades, sprickor spred sig och bitar föll ner i floden.
Inmitten dieses pulsierenden und lodernden Lebens taumelten die Reisenden.
Mitt i allt detta sprudlande och flammande liv vacklade resenärerna.
Zwei Männer, eine Frau und ein Rudel Huskys liefen wie die Toten.
Två män, en kvinna och ett flock huskyer gick som döda.
Die Hunde fielen, Mercedes weinte, fuhr aber immer noch Schlitten.
Hundarna föll, Mercedes grät, men åkte fortfarande släden.

Hal fluchte schwach und Charles blinzelte mit tränenden Augen.
Hal svor svagt, och Charles blinkade genom tårfyllda ögon.
Sie stolperten in John Thorntons Lager an der Mündung des White River.
De snubblade in i John Thorntons läger vid White Rivers mynning.
Als sie anhielten, fielen die Hunde flach um, als wären sie alle tot.
När de stannade föll hundarna platt, som om alla hade slagit döda.
Mercedes wischte sich die Tränen ab und sah zu John Thornton hinüber.
Mercedes torkade tårarna och tittade bort på John Thornton.
Charles saß langsam und steif auf einem Baumstamm, mit Schmerzen vom Weg.
Charles satt långsamt och stelt på en stock, värkande av stigen.
Hal redete, während Thornton das Ende eines Axtstiels schnitzte.
Hal skötte snacket medan Thornton högg ut änden av ett yxskaft.
Er schnitzte Birkenholz und antwortete mit kurzen, bestimmten Antworten.
Han täljde björkved och svarade med korta, bestämda svar.
Wenn man ihn fragte, gab er Ratschläge, war sich jedoch sicher, dass diese nicht befolgt würden.
När han blev tillfrågad gav han råd, säker på att de inte skulle följas.
Hal erklärte: „Sie sagten uns, dass das Eis auf dem Weg schmelzen würde."
Hal förklarade: "De sa att isen på leden höll på att försvinna."
„Sie sagten, wir sollten bleiben, wo wir waren – aber wir haben es bis nach White River geschafft."
"De sa att vi skulle stanna kvar – men vi kom fram till White River."

Er schloss mit höhnischem Ton, als wolle er einen Sieg in der Not für sich beanspruchen.

Han avslutade med en hånfull ton, som för att utkräva seger i nöden.

„Und sie haben dir die Wahrheit gesagt", antwortete John Thornton Hal ruhig.

"Och de sa sanningen", svarade John Thornton tyst till Hal.

„Das Eis kann jeden Moment nachgeben – es ist kurz davor, abzufallen."

"Isen kan ge vika när som helst – den är redo att falla ur."

„Nur durch blindes Glück und ein paar Narren wäre es möglich gewesen, lebend so weit zu kommen."

"Bara blind tur och dårar kunde ha klarat sig så här långt med livet i behåll."

„Ich sage es Ihnen ganz offen: Ich würde mein Leben nicht für alles Gold Alaskas riskieren."

"Jag säger dig ärligt, jag skulle inte riskera mitt liv för allt Alaskas guld."

„Das liegt wohl daran, dass Sie kein Narr sind", antwortete Hal.

"Det är för att du inte är en dåre, antar jag", svarade Hal.

„Trotzdem fahren wir weiter nach Dawson." Er rollte seine Peitsche ab.

"I alla fall går vi vidare till Dawson." Han rullade ut sin piska.

„Komm rauf, Buck! Hallo! Steh auf! Los!", rief er barsch.

"Upp dit, Buck! Hej! Upp! Kom igen!" ropade han barskt.

Thornton schnitzte weiter, wohl wissend, dass Narren nicht auf Vernunft hören.

Thornton fortsatte att snickra, i vetskap om att dårar inte lyssnar på förnuft.

Einen Narren aufzuhalten war sinnlos – und zwei oder drei Narren änderten nichts.

Att stoppa en dåre var meningslöst – och två eller tre lurade förändrade ingenting.

Doch als das Team Hal's Befehl hörte, bewegte es sich nicht.

Men laget rörde sig inte vid ljudet av Hals befallning.

Jetzt konnten sie nur noch durch Schläge wieder auf die Beine kommen und weiterkommen.
Vid det här laget kunde bara slag få dem att resa sig och dra sig framåt.
Immer wieder knallte die Peitsche über die geschwächten Hunde.
Piskan smällde gång på gång över de försvagade hundarna.
John Thornton presste die Lippen fest zusammen und sah schweigend zu.
John Thornton tryckte läpparna hårt och tittade tyst.
Solleks war der Erste, der unter der Peitsche auf die Beine kam.
Solleks var den förste som kröp upp under piskslaget.
Dann folgte Teek zitternd. Joe schrie auf, als er stolperte.
Sedan följde Teek efter, darrande. Joe skrek till när han stapplade upp.
Pike versuchte aufzustehen, scheiterte zweimal und stand schließlich unsicher da.
Pike försökte resa sig, misslyckades två gånger, men stod slutligen ostadig.
Aber Buck blieb liegen, wo er hingefallen war, und bewegte sich dieses Mal überhaupt nicht.
Men Buck låg där han hade fallit, och rörde sig inte alls den här gången.
Die Peitsche schlug immer wieder auf ihn ein, aber er gab keinen Laut von sich.
Piskan högg honom om och om igen, men han gav ifrån sig inget ljud.
Er zuckte nicht zusammen und wehrte sich nicht, sondern blieb einfach still und ruhig.
Han varken ryckte till eller gjorde motstånd, utan förblev bara stilla och tyst.
Thornton rührte sich mehr als einmal, als wolle er etwas sagen, tat es aber nicht.
Thornton rörde sig mer än en gång, som för att tala, men gjorde det inte.

Seine Augen wurden feucht und immer noch knallte die Peitsche gegen Buck.
Hans ögon blev våta, och piskan smällde fortfarande mot Buck.
Schließlich begann Thornton langsam auf und ab zu gehen, unsicher, was er tun sollte.
Till slut började Thornton gå långsamt fram och tillbaka, osäker på vad han skulle göra.
Es war das erste Mal, dass Buck versagt hatte, und Hal wurde wütend.
Det var första gången Buck hade misslyckats, och Hal blev rasande.
Er warf die Peitsche weg und nahm stattdessen die schwere Keule.
Han kastade ner piskan och plockade upp den tunga klubban istället.
Der Holzknüppel schlug hart auf, aber Buck stand immer noch nicht auf, um sich zu bewegen.
Träklubban föll hårt ner, men Buck reste sig fortfarande inte för att röra sig.
Wie seine Teamkollegen war er zu schwach – aber mehr als das.
Liksom sina lagkamrater var han för svag – men mer än så.
Buck hatte beschlossen, sich nicht zu bewegen, egal was als Nächstes passieren würde.
Buck hade bestämt sig för att inte röra sig, oavsett vad som skulle hända härnäst.
Er spürte, wie etwas Dunkles und Bestimmtes direkt vor ihm schwebte.
Han kände något mörkt och säkert sväva alldeles framför honom.
Diese Angst hatte ihn ergriffen, sobald er das Flussufer erreicht hatte.
Den skräcken hade gripit honom så snart han nådde flodstranden.
Dieses Gefühl hatte ihn nicht verlassen, seit er das Eis unter seinen Pfoten dünner werden fühlte.

Känslan hade inte lämnat honom sedan han känt isen tunnna under tassarna.
Etwas Schreckliches wartete – er spürte es gleich weiter unten auf dem Weg.
Något fruktansvärt väntade – han kände det alldeles längre ner på stigen.
Er würde nicht auf das Schreckliche vor ihm zugehen
Han tänkte inte gå mot den där hemska saken framför sig
Er würde keinem Befehl gehorchen, der ihn zu diesem Ding führte.
Han tänkte inte lyda någon befallning som ledde honom till den saken.
Der Schmerz der Schläge war für ihn kaum noch spürbar, er war zu weit weg.
Smärtan från slagen rörde honom knappt nu – han var för långt borta.
Der Funke des Lebens flackerte schwach und erlosch unter jedem grausamen Schlag.
Livsgnistan fladdrade lågt, fördunklad under varje grymt slag.
Seine Glieder fühlten sich fremd an, sein ganzer Körper schien einem anderen zu gehören.
Hans lemmar kändes avlägsna; hela hans kropp tycktes tillhöra en annan.
Er spürte eine seltsame Taubheit, als der Schmerz vollständig nachließ.
Han kände en märklig domning när smärtan försvann helt.
Aus der Ferne spürte er, dass er geschlagen wurde, aber er wusste es kaum.
På långt håll kände han att han blev slagen, men visste knappt.
Er konnte die Schläge schwach hören, aber sie taten nicht mehr wirklich weh.
Han kunde höra dunsarna svagt, men de gjorde inte längre riktigt ont.
Die Schläge trafen, aber sein Körper schien nicht mehr sein eigener zu sein.

Slagen träffade honom, men hans kropp kändes inte längre som hans egen.

Dann stieß John Thornton plötzlich und ohne Vorwarnung einen wilden Schrei aus.

Sedan plötsligt, utan förvarning, utstötte John Thornton ett vilt rop.

Es war unartikuliert, eher der Schrei eines Tieres als eines Menschen.

Det var oartikulerat, mer ett odjurs än en människas rop.

Er sprang mit der Keule auf den Mann zu und stieß Hal nach hinten.

Han hoppade på mannen med klubban och slog Hal bakåt.

Hal flog, als wäre er von einem Baum getroffen worden, und landete hart auf dem Boden.

Hal flög som om han blivit träffad av ett träd och landade hårt på marken.

Mercedes schrie laut vor Panik und umklammerte ihr Gesicht.

Mercedes skrek högt i panik och höll sig för hennes ansikte.

Charles sah nur zu, wischte sich die Augen und blieb sitzen.

Charles bara tittade på, torkade sig om ögonen och stannade kvar.

Sein Körper war vor Schmerzen zu steif, um aufzustehen oder beim Kampf mitzuhelfen.

Hans kropp var för stel av smärta för att resa sig eller hjälpa till i kampen.

Thornton stand über Buck, zitterte vor Wut und konnte nicht sprechen.

Thornton stod över Buck, darrande av ilska, oförmögen att tala.

Er zitterte vor Wut und kämpfte darum, trotz allem seine Stimme wiederzufinden.

Han skakade av ilska och kämpade för att hitta sin röst genom den.

„Wenn du den Hund noch einmal schlägst, bringe ich dich um", sagte er schließlich.

"Om du slår den där hunden igen, så dödar jag dig", sa han till slut.

Hal wischte sich das Blut aus dem Mund und kam wieder nach vorne.

Hal torkade blodet från munnen och kom fram igen.

„Es ist mein Hund", murmelte er. „Geh mir aus dem Weg, sonst kriege ich dich wieder in Ordnung."

"Det är min hund", muttrade han. "Gå ur vägen, annars fixar jag dig."

„Ich gehe nach Dawson und Sie halten mich nicht auf", fügte er hinzu.

"Jag ska till Dawson, och du kommer inte att hindra mig", tillade han.

Thornton stand fest zwischen Buck und dem wütenden jungen Mann.

Thornton stod stadigt mellan Buck och den arga unge mannen.

Er hatte nicht die Absicht, zur Seite zu treten oder Hal vorbeizulassen.

Han hade ingen avsikt att stiga åt sidan eller låta Hal gå förbi.

Hal zog sein Jagdmesser heraus, das lang und gefährlich in der Hand lag.

Hal drog fram sin jaktkniv, lång och farlig i handen.

Mercedes schrie, dann weinte sie und lachte dann in wilder Hysterie.

Mercedes skrek, sedan grät, sedan skrattade i vild hysteri.

Thornton schlug mit dem Axtstiel hart und schnell auf Hals Hand.

Thornton slog Hals hand med sitt yxskaft, hårt och snabbt.

Das Messer wurde aus Hals Griff gerissen und flog zu Boden.

Kniven lossnade från Hals grepp och flög till marken.

Hal versuchte, das Messer aufzuheben, und Thornton klopfte erneut auf seine Fingerknöchel.

Hal försökte lyfta kniven, och Thornton knackade igen med knogarna.

Dann bückte sich Thornton, griff nach dem Messer und hielt es fest.
Sedan böjde sig Thornton ner, tog kniven och höll den.
Mit zwei schnellen Hieben des Axtstiels zerschnitt er Bucks Zügel.
Med två snabba hugg med yxskaftet högg han av Bucks tyglar.
Hal hatte keine Kraft mehr, sich zu wehren, und trat von dem Hund zurück.
Hal hade ingen kamp kvar i sig och tog ett steg tillbaka från hunden.
Außerdem brauchte Mercedes jetzt beide Arme, um aufrecht zu bleiben.
Dessutom behövde Mercedes båda armarna nu för att hålla sig upprätt.
Buck war dem Tod zu nahe, um noch einmal einen Schlitten ziehen zu können.
Buck var för nära döden för att kunna dra en släde igen.
Ein paar Minuten später legten sie ab und fuhren flussabwärts.
Några minuter senare drog de ut och styrde nerför floden.
Buck hob schwach den Kopf und sah ihnen nach, wie sie die Bank verließen.
Buck lyfte svagt huvudet och såg dem lämna banken.
Pike führte das Team an, mit Solleks am Ende des Feldes.
Pike ledde laget, med Solleks längst bak i ratten.
Joe und Teek gingen dazwischen, beide humpelten vor Erschöpfung.
Joe och Teek gick emellan, båda haltande av utmattning.
Mercedes saß auf dem Schlitten und Hal hielt die lange Lenkstange fest.
Mercedes satte sig på släden, och Hal grep tag i den långa geestaven.
Charles stolperte hinterher, seine Schritte waren unbeholfen und unsicher.
Charles stapplade bakom, hans steg klumpiga och osäkra.

Thornton kniete neben Buck und tastete vorsichtig nach gebrochenen Knochen.
Thornton knäböjde bredvid Buck och kände försiktigt efter brutna ben.
Seine Hände waren rau, bewegten sich aber mit Freundlichkeit und Sorgfalt.
Hans händer var grova men rörde sig med vänlighet och omsorg.
Bucks Körper wies Blutergüsse auf, wies jedoch keine bleibenden Verletzungen auf.
Bucks kropp var blåmärkt men visade inga bestående skador.
Zurück blieben schrecklicher Hunger und nahezu völlige Schwäche.
Det som återstod var fruktansvärd hunger och nästan total svaghet.
Als dies klar wurde, war der Schlitten bereits weit flussabwärts gefahren.
När detta var klart hade släden kört långt nedströms.
Mann und Hund sahen zu, wie der Schlitten langsam über das knackende Eis kroch.
Man och hund såg släden sakta krypa över den sprickande isen.
Dann sahen sie, wie der Schlitten in eine Mulde sank.
Sedan såg de släden sjunka ner i en hålighet.
Die Gee-Stange flog in die Höhe, und Hal klammerte sich immer noch vergeblich daran fest.
Gee-stången flög upp, med Hal fortfarande förgäves klamrande sig fast vid den.
Mercedes' Schrei erreichte sie über die kalte Ferne.
Mercedes skrik nådde dem över den kalla fjärran.
Charles drehte sich um und trat zurück – aber er war zu spät.
Charles vände sig om och tog ett steg tillbaka – men han var för sent ute.
Eine ganze Eisdecke brach nach und sie alle fielen hindurch.
En hel inlandsis gav vika, och de föll alla igenom.
Hunde, Schlitten und Menschen verschwanden im schwarzen Wasser darunter.

Hundar, släde och människor försvann ner i det svarta vattnet nedanför.

An der Stelle, an der sie vorbeigekommen waren, war nur ein breites Loch im Eis zurückgeblieben.

Endast ett brett hål i isen fanns kvar där de hade passerat.

Der Boden des Pfades war nach unten abgesunken – genau wie Thornton gewarnt hatte.

Stigens botten hade fallit ut – precis som Thornton varnade för.

Thornton und Buck sahen sich einen Moment lang schweigend an.

Thornton och Buck tittade på varandra, tysta en stund.

„Du armer Teufel", sagte Thornton leise und Buck leckte ihm die Hand.

"Din stackars djävul", sa Thornton mjukt, och Buck slickade hans hand.

Aus Liebe zu einem Mann
För en mans kärlek

John Thornton erfror in der Kälte des vergangenen Dezembers seine Füße.
John Thornton frös om fötterna i kylan från föregående december.
Seine Partner machten es ihm bequem und ließen ihn allein genesen.
Hans partners gjorde det bekvämt för honom och lät honom återhämta sig ensam.
Sie fuhren den Fluss hinauf, um ein Floß mit Sägestämmen für Dawson zu holen.
De gick uppför floden för att samla en flotte sågtimmer åt Dawson.
Er humpelte noch leicht, als er Buck vor dem Tod rettete.
Han haltade fortfarande lite när han räddade Buck från döden.
Aber bei anhaltend warmem Wetter verschwand sogar dieses Hinken.
Men med det fortsatta varma vädret försvann även den haltandet.
Buck ruhte sich an langen Frühlingstagen am Flussufer aus.
Liggande vid flodstranden under långa vårdagar vilade Buck.
Er beobachtete das fließende Wasser und lauschte den Vögeln und Insekten.
Han tittade på det strömmande vattnet och lyssnade på fåglar och insekter.
Langsam erlangte Buck unter Sonne und Himmel seine Kraft zurück.
Sakta men säkert återfick Buck sin styrka under solen och himlen.
Nach einer Reise von dreitausend Meilen war eine Pause ein wunderbares Gefühl.
En vila kändes underbar efter att ha rest tre tusen mil.
Buck wurde träge, als seine Wunden heilten und sein Körper an Gewicht zunahm.

Buck blev lat när hans sår läkte och hans kropp fylldes ut.
Seine Muskeln wurden fester und das Fleisch bedeckte wieder seine Knochen.
Hans muskler blev fasta, och köttet täckte hans ben igen.
Sie ruhten sich alle aus – Buck, Thornton, Skeet und Nig.
De vilade alla – Buck, Thornton, Skeet och Nig.
Sie warteten auf das Floß, das sie nach Dawson bringen sollte.
De väntade på flotten som skulle bära dem ner till Dawson.
Skeet war ein kleiner Irish Setter, der sich mit Buck anfreundete.
Skeet var en liten irländsk setter som blev vän med Buck.
Buck war zu schwach und krank, um ihr bei ihrem ersten Treffen Widerstand zu leisten.
Buck var för svag och sjuk för att motstå henne vid deras första möte.
Skeet hatte die Heilereigenschaft, die manche Hunde von Natur aus besitzen.
Skeet hade den helande egenskapen som vissa hundar naturligt har.
Wie eine Katzenmutter leckte und reinigte sie Bucks offene Wunden.
Liksom en kattmamma slickade och rengjorde hon Bucks råa sår.
Jeden Morgen nach dem Frühstück wiederholte sie ihre sorgfältige Arbeit.
Varje morgon efter frukost upprepade hon sitt noggranna arbete.
Buck erwartete ihre Hilfe ebenso sehr wie die von Thornton.
Buck kom att förvänta sig hennes hjälp lika mycket som han förväntade sig Thorntons.
Nig war auch freundlich, aber weniger offen und weniger liebevoll.
Nig var också vänlig, men mindre öppen och mindre tillgiven.
Nig war ein großer schwarzer Hund, halb Bluthund, halb Hirschhund.

Nig var en stor svart hund, delvis blodhund och delvis hjorthund.
Er hatte lachende Augen und eine unendlich gute Seele.
Han hade skrattande ögon och en oändlig godhet i sin själ.
Zu Bucks Überraschung zeigte keiner der Hunde Eifersucht ihm gegenüber.
Till Bucks förvåning visade ingen av hundarna svartsjuka mot honom.
Sowohl Skeet als auch Nig erfuhren die Freundlichkeit von John Thornton.
Både Skeet och Nig delade John Thorntons vänlighet.
Als Buck stärker wurde, verleiteten sie ihn zu albernen Hundespielen.
Allt eftersom Buck blev starkare lockade de honom in i fåniga hundlekar.
Auch Thornton spielte oft mit ihnen und konnte ihrer Freude nicht widerstehen.
Thornton lekte ofta med dem också, oförmögen att motstå deras glädje.
Auf diese spielerische Weise gelang Buck der Übergang von der Krankheit in ein neues Leben.
På detta lekfulla sätt gick Buck från sjukdom till ett nytt liv.
Endlich hatte er Liebe gefunden – wahre, brennende und leidenschaftliche Liebe.
Kärleken – sann, brinnande och passionerad kärlek – var äntligen hans.
Auf Millers Anwesen hatte er diese Art von Liebe nie erlebt.
Han hade aldrig känt den här sortens kärlek på Millers gods.
Mit den Söhnen des Richters hatte er Arbeit und Abenteuer geteilt.
Med domarens söner hade han delat arbete och äventyr.
Bei den Enkeln sah er steifen und prahlerischen Stolz.
Hos sonsönerna såg han stel och skrytsam stolthet.
Mit Richter Miller selbst verband ihn eine respektvolle Freundschaft.
Med domare Miller själv hade han en respektfull vänskap.

Doch mit Thornton kam eine Liebe, die Feuer, Wahnsinn und Anbetung war.
Men kärlek som var eld, galenskap och dyrkan kom med Thornton.
Dieser Mann hatte Bucks Leben gerettet, und das allein bedeutete sehr viel.
Den här mannen hade räddat Bucks liv, och det ensamt betydde oerhört mycket.
Aber darüber hinaus war John Thornton der ideale Meistertyp.
Men mer än så var John Thornton den ideala typen av mästare.
Andere Männer kümmerten sich aus Pflichtgefühl oder geschäftlicher Notwendigkeit um Hunde.
Andra män tog hand om hundar av plikt eller affärsmässig nödvändighet.
John Thornton kümmerte sich um seine Hunde, als wären sie seine Kinder.
John Thornton tog hand om sina hundar som om de vore hans barn.
Er kümmerte sich um sie, weil er sie liebte und einfach nicht anders konnte.
Han brydde sig om dem för att han älskade dem och helt enkelt inte kunde göra något åt det.
John Thornton sah sogar weiter, als die meisten Menschen jemals sehen konnten.
John Thornton såg ännu längre än de flesta män någonsin lyckades se.
Er vergaß nie, sie freundlich zu grüßen oder ein aufmunterndes Wort zu sagen.
Han glömde aldrig att hälsa dem vänligt eller säga ett uppmuntrande ord.
Er liebte es, mit den Hunden zusammenzusitzen und lange zu reden, oder, wie er sagte, „gasy".
Han älskade att sitta ner med hundarna för långa samtal, eller "gasiga", som han sa.

Er packte Bucks Kopf gern grob zwischen seinen starken Händen.
Han tyckte om att gripa Bucks huvud hårt mellan sina starka händer.
Dann lehnte er seinen Kopf an Bucks und schüttelte ihn sanft.
Sedan lutade han sitt huvud mot Bucks och skakade honom försiktigt.
Die ganze Zeit über beschimpfte er Buck mit unhöflichen Namen, die für ihn Liebe bedeuteten.
Hela tiden kallade han Buck oförskämda namn som betydde kärlek för Buck.
Buck bereiteten diese grobe Umarmung und diese Worte große Freude.
För Buck väckte den hårda omfamningen och de orden djup glädje.
Sein Herz schien bei jeder Bewegung vor Glück zu beben.
Hans hjärta tycktes skaka löst av lycka vid varje rörelse.
Als er anschließend aufsprang, sah sein Mund aus, als würde er lachen.
När han sprang upp efteråt såg det ut som om hans mun skrattade.
Seine Augen leuchteten hell und seine Kehle zitterte vor unausgesprochener Freude.
Hans ögon lyste klart och hans hals darrade av outtalad glädje.
Sein Lächeln blieb in diesem Zustand der Ergriffenheit und glühenden Zuneigung stehen.
Hans leende stod stilla i det där tillståndet av känslor och glödande tillgivenhet.
Dann rief Thornton nachdenklich aus: „Gott! Er kann fast sprechen!"
Sedan utbrast Thornton eftertänksamt: "Herregud! han kan nästan tala!"
Buck hatte eine seltsame Art, Liebe auszudrücken, die beinahe Schmerzen verursachte.

Buck hade ett konstigt sätt att uttrycka kärlek som nästan orsakade smärta.

Er umklammerte Thorntons Hand oft sehr fest mit seinen Zähnen.

Han höll ofta Thorntons hand mycket hårt mellan tänderna.

Der Biss würde tiefe Spuren hinterlassen, die noch einige Zeit blieben.

Bettet skulle lämna djupa spår som stannade kvar ett tag efteråt.

Buck glaubte, dass diese Eide Liebe waren, und Thornton wusste das auch.

Buck trodde att de svordomarna var kärlek, och Thornton visste detsamma.

Meistens zeigte sich Bucks Liebe in stiller, fast stummer Verehrung.

Oftast visade sig Bucks kärlek i tyst, nästan tyst beundran.

Obwohl er sich freute, wenn man ihn berührte oder ansprach, suchte er nicht nach Aufmerksamkeit.

Även om han blev upprymd när han blev berörd eller tilltalad, sökte han inte uppmärksamhet.

Skeet schob ihre Nase unter Thorntons Hand, bis er sie streichelte.

Skeet knuffade nosen under Thorntons hand tills han klappade henne.

Nig kam leise herbei und legte seinen großen Kopf auf Thorntons Knie.

Nig gick tyst fram och vilade sitt stora huvud på Thorntons knä.

Buck hingegen war zufrieden damit, aus respektvoller Distanz zu lieben.

Buck, däremot, var nöjd med att älska från ett respektfullt avstånd.

Er lag stundenlang zu Thorntons Füßen, wachsam und aufmerksam beobachtend.

Han låg i timmar vid Thorntons fötter, vaken och iakttagande noga.

Buck studierte jedes Detail des Gesichts seines Herrn und jede kleinste Bewegung.
Buck studerade varje detalj i sin husbondes ansikte och minsta rörelse.
Oder er blieb weiter weg liegen und betrachtete schweigend die Gestalt des Mannes.
Eller ljög längre bort och studerade mannens skepnad i tystnad.
Buck beobachtete jede kleine Bewegung, jede Veränderung seiner Haltung oder Geste.
Buck iakttog varje liten rörelse, varje förändring i hållning eller gest.
Diese Verbindung war so stark, dass sie Thorntons Blick oft auf sich zog.
Så stark var denna koppling att den ofta drog till sig Thorntons blick.
Er begegnete Bucks Blick ohne Worte, Liebe schimmerte deutlich hindurch.
Han mötte Bucks blick utan ord, kärleken lyste klart igenom.
Nach seiner Rettung ließ Buck Thornton lange Zeit nicht aus den Augen.
Under en lång tid efter att han räddats släppte Buck aldrig Thornton ur sikte.
Immer wenn Thornton das Zelt verließ, folgte Buck ihm dicht auf den Fersen.
Varje gång Thornton lämnade tältet följde Buck honom tätt ut.
All die strengen Herren im Nordland hatten Buck Angst gemacht, zu vertrauen.
Alla de hårda herrarna i Nordlandet hade gjort Buck rädd för att lita på honom.
Er befürchtete, dass kein Mann länger als kurze Zeit sein Herr bleiben könnte.
Han fruktade att ingen man kunde förbli hans herre i mer än en kort tid.
Er befürchtete, dass John Thornton wie Perrault und François verschwinden würde.

Han fruktade att John Thornton skulle försvinna liksom Perrault och François.
Sogar nachts quälte die Angst, ihn zu verlieren, Buck mit unruhigem Schlaf.
Även på natten hemsökte rädslan för att förlora honom Bucks oroliga sömn.
Als Buck aufwachte, kroch er in die Kälte hinaus und ging zum Zelt.
När Buck vaknade smög han ut i kylan och gick till tältet.
Er lauschte aufmerksam auf das leise Geräusch des Atmens in seinem Inneren.
Han lyssnade noga efter det mjuka ljudet av andning inuti.
Trotz Bucks tiefer Liebe zu John Thornton blieb die Wildnis am Leben.
Trots Bucks djupa kärlek till John Thornton levde vildmarken över.
Dieser im Norden erwachte primitive Instinkt ist nicht verschwunden.
Den primitiva instinkten, som väcktes i norr, försvann inte.
Liebe brachte Hingabe, Treue und die warme Verbundenheit des Kaminfeuers.
Kärlek förde med sig hängivenhet, lojalitet och eldsidans varma band.
Aber Buck behielt auch seine wilden Instinkte, scharf und stets wachsam.
Men Buck behöll också sina vilda instinkter, skarpa och ständigt vakna.
Er war nicht nur ein gezähmtes Haustier aus den sanften Ländern der Zivilisation.
Han var inte bara ett tämjt husdjur från civilisationens mjuka länder.
Buck war ein wildes Wesen, das hereingekommen war, um an Thorntons Feuer zu sitzen.
Buck var en vild varelse som hade kommit in för att sitta vid Thorntons eld.
Er sah aus wie ein Südlandhund, aber in ihm lebte Wildheit.

Han såg ut som en sydlandshund, men vildhet levde inom honom.
Seine Liebe zu Thornton war zu groß, um zuzulassen, dass er den Mann bestohlen hätte.
Hans kärlek till Thornton var för stor för att tillåta stöld från mannen.
Aber in jedem anderen Lager würde er dreist und ohne Pause stehlen.
Men i vilket annat läger som helst skulle han stjäla djärvt och utan uppehåll.
Er war beim Stehlen so geschickt, dass ihn niemand erwischen oder beschuldigen konnte.
Han var så listig på att stjäla att ingen kunde fånga eller anklaga honom.
Sein Gesicht und sein Körper waren mit Narben aus vielen vergangenen Kämpfen übersät.
Hans ansikte och kropp var täckta av ärr från många tidigare slagsmål.
Buck kämpfte immer noch erbittert, aber jetzt kämpfte er mit mehr List.
Buck kämpade fortfarande häftigt, men nu kämpade han med ännu mer slughet.
Skeet und Nig waren zu sanft, um zu kämpfen, und sie gehörten Thornton.
Skeet och Nig var för vänliga för att slåss, och de tillhörde Thornton.
Aber jeder fremde Hund, egal wie stark oder mutig, wich zurück.
Men vilken främmande hund som helst, oavsett hur stark eller modig den var, gav vika.
Ansonsten kämpfte der Hund gegen Buck und um sein Leben.
Annars fann hunden sig själv i en kamp mot Buck; kämpande för sitt liv.
Buck kannte keine Gnade, wenn er sich entschied, gegen einen anderen Hund zu kämpfen.

Buck hade ingen nåd när han väl valde att slåss mot en annan hund.
Er hatte das Gesetz der Keule und des Reißzahns im Nordland gut gelernt.
Han hade väl lärt sig lagen om klubba och huggtänder i Nordlandet.
Er gab nie einen Vorteil auf und wich nie einer Schlacht aus.
Han gav aldrig upp en fördel och backade aldrig från striden.
Er hatte Spitz und die wildesten Post- und Polizeihunde studiert.
Han hade studerat spetshundar och de vildaste post- och polishundarna.
Er wusste genau, dass es im wilden Kampf keinen Mittelweg gab.
Han visste tydligt att det inte fanns någon medelväg i vild strid.
Er musste herrschen oder beherrscht werden; Gnade zu zeigen, hieße, Schwäche zu zeigen.
Han måste styra eller bli styrd; att visa barmhärtighet innebar att visa svaghet.
In der rauen und brutalen Welt des Überlebens kannte man keine Gnade.
Barmhärtighet var okänd i överlevnadens råa och brutala värld.
Gnade zu zeigen wurde als Angst angesehen und Angst führte schnell zum Tod.
Att visa barmhärtighet sågs som rädsla, och rädsla ledde snabbt till döden.
Das alte Gesetz war einfach: töten oder getötet werden, essen oder gefressen werden.
Den gamla lagen var enkel: döda eller bli dödad, ät eller bli uppäten.
Dieses Gesetz stammte aus längst vergangenen Zeiten und Buck befolgte es vollständig.
Den lagen kom från tidens djup, och Buck följde den till fullo.
Buck war älter als sein Alter und die Anzahl seiner Atemzüge.

Buck var äldre än han var och antalet andetag han tog.
Er verband die ferne Vergangenheit klar mit der Gegenwart.
Han kopplade tydligt samman det forntida förflutna med nuet.
Die tiefen Rhythmen der Zeitalter bewegten sich durch ihn wie die Gezeiten.
Tidernas djupa rytmer rörde sig genom honom likt tidvattnet.
Die Zeit pulsierte in seinem Blut so sicher, wie die Jahreszeiten die Erde bewegen.
Tiden pulserade i hans blod lika säkert som årstiderna rörde jorden.
Er saß mit starker Brust und weißen Reißzähnen an Thorntons Feuer.
Han satt vid Thorntons eld, med kraftigt bröst och vita huggtänder.
Sein langes Fell wehte, aber hinter ihm beobachteten ihn die Geister wilder Hunde.
Hans långa päls böljade, men bakom honom tittade vilda hundars andar på.
Halbwölfe und Vollwölfe regten sich in seinem Herzen und seinen Sinnen.
Halvvargar och hela vargar rörde sig i hans hjärta och sinnen.
Sie probierten sein Fleisch und tranken dasselbe Wasser wie er.
De smakade på hans kött och drack samma vatten som han gjorde.
Sie schnupperten neben ihm den Wind und lauschten dem Wald.
De luktade i vinden bredvid honom och lyssnade till skogen.
Sie flüsterten die Bedeutung der wilden Geräusche in der Dunkelheit.
De viskade betydelsen av de vilda ljuden i mörkret.
Sie prägten seine Stimmungen und leiteten jede seiner stillen Reaktionen.
De formade hans humör och vägledde var och en av hans tysta reaktioner.

Sie lagen bei ihm, während er schlief, und wurden Teil seiner tiefen Träume.
De låg hos honom medan han sov och blev en del av hans djupa drömmar.
Sie träumten mit ihm, über ihn hinaus und bildeten seinen Geist.
De drömde med honom, bortom honom, och formade hans själva ande.
Die Geister der Wildnis riefen so stark, dass Buck sich hingezogen fühlte.
Vildmarkens andar ropade så starkt att Buck kände sig dragen.
Mit jedem Tag wurden die Menschheit und ihre Ansprüche in Bucks Herzen schwächer.
För varje dag blev mänskligheten och dess anspråk svagare i Bucks hjärta.
Tief im Wald würde ein seltsamer und aufregender Ruf erklingen.
Djupt inne i skogen skulle ett märkligt och spännande rop stiga.
Jedes Mal, wenn er den Ruf hörte, verspürte Buck einen Drang, dem er nicht widerstehen konnte.
Varje gång han hörde ropet kände Buck en impuls han inte kunde motstå.
Er wollte sich vom Feuer und den ausgetretenen menschlichen Pfaden abwenden.
Han skulle vända sig bort från elden och bort från de upptrampade mänskliga stigarna.
Er wollte in den Wald eintauchen und weitergehen, ohne zu wissen, warum.
Han skulle störta in i skogen, gå framåt utan att veta varför.
Er hinterfragte diese Anziehungskraft nicht, denn der Ruf war tief und kraftvoll.
Han ifrågasatte inte denna dragningskraft, ty kallelsen var djup och kraftfull.
Oft erreichte er den grünen Schatten und die weiche, unberührte Erde

Ofta nådde han den gröna skuggan och den mjuka, orörda jorden

Doch dann zog ihn die große Liebe zu John Thornton zurück zum Feuer.

Men sedan drog den starka kärleken till John Thornton honom tillbaka till elden.

Nur John Thornton hatte Bucks wildes Herz wirklich in seiner Gewalt.

Endast John Thornton höll verkligen Bucks vilda hjärta i sitt grepp.

Der Rest der Menschheit hatte für Buck keinen bleibenden Wert oder keine bleibende Bedeutung.

Resten av mänskligheten hade inget bestående värde eller mening för Buck.

Fremde könnten ihn loben oder ihm mit freundlichen Händen über das Fell streicheln.

Främlingar kan berömma honom eller stryka hans päls med vänliga händer.

Buck blieb ungerührt und ging vor lauter Zuneigung davon.

Buck förblev oberörd och gick sin väg på grund av alltför mycket tillgivenhet.

Hans und Pete kamen mit dem lange erwarteten Floß

Hans och Pete anlände med flotten som länge hade väntats

Buck ignorierte sie, bis er erfuhr, dass sie sich in der Nähe von Thornton befanden.

Buck ignorerade dem tills han fick veta att de var nära Thornton.

Danach tolerierte er sie, zeigte ihnen jedoch nie seine volle Zuneigung.

Efter det tolererade han dem, men visade dem aldrig full värme.

Er nahm Essen oder Freundlichkeiten von ihnen an, als täte er ihnen einen Gefallen.

Han tog emot mat eller vänlighet från dem som om han gjorde dem en tjänst.

Sie waren wie Thornton – einfach, ehrlich und klar im Denken.

De var som Thornton – enkla, ärliga och klara i tankarna.
Gemeinsam reisten sie zu Dawsons Sägewerk und dem großen Wirbel
Alla tillsammans reste de till Dawsons sågverk och den stora virveln
Auf ihrer Reise lernten sie Bucks Wesen tiefgründig kennen.
På sin resa lärde de sig att djupt förstå Bucks natur.
Sie versuchten nicht, sich näherzukommen, wie es Skeet und Nig getan hatten.
De försökte inte komma nära varandra som Skeet och Nig hade gjort.
Doch Bucks Liebe zu John Thornton wurde mit der Zeit immer stärker.
Men Bucks kärlek till John Thornton fördjupades bara med tiden.
Nur Thornton könnte Buck im Sommer eine Last auf die Schultern laden.
Endast Thornton kunde lägga en packning på Bucks rygg på sommaren.
Was auch immer Thornton befahl, Buck war bereit, es uneingeschränkt zu tun.
Vad Thornton än befallde, var Buck villig att göra helt och hållet.
Eines Tages, nachdem sie Dawson in Richtung der Quellgewässer des Tanana verlassen hatten,
En dag, efter att de lämnat Dawson för Tananas källflöden,
die Gruppe saß auf einer Klippe, die dreihundert Fuß bis zum nackten Fels abfiel.
Gruppen satt på en klippa som föll en meter ner till kala berggrunden.
John Thornton saß nahe der Kante und Buck ruhte sich neben ihm aus.
John Thornton satt nära kanten, och Buck vilade bredvid honom.
Thornton hatte plötzlich eine Idee und rief die Männer auf sich aufmerksam.

Thornton fick en plötslig tanke och påkallade männens uppmärksamhet.
Er deutete über den Abgrund und gab Buck einen einzigen Befehl.
Han pekade över avgrunden och gav Buck en enda kommando.
„Spring, Buck!", sagte er und schwang seinen Arm über den Abgrund.
"Hoppa, Buck!" sa han och svingade ut armen över stupet.
Einen Moment später musste er Buck packen, der sofort lossprang, um zu gehorchen.
I ett ögonblick var han tvungen att gripa tag i Buck, som hoppade till för att lyda.
Hans und Pete eilten nach vorne und zogen beide in Sicherheit.
Hans och Pete rusade fram och drog båda tillbaka i säkerhet.
Nachdem alles vorbei war und sie wieder zu Atem gekommen waren, ergriff Pete das Wort.
När allt var över, och de hade hämtat andan, tog Pete till orda.
„Die Liebe ist unheimlich", sagte er, erschüttert von der wilden Hingabe des Hundes.
"Kärleken är kuslig", sa han, skakad av hundens starka hängivenhet.
Thornton schüttelte den Kopf und antwortete mit ruhiger Ernsthaftigkeit.
Thornton skakade på huvudet och svarade med lugnt allvar.
„Nein, die Liebe ist großartig", sagte er, „aber auch schrecklich."
"Nej, kärleken är fantastisk", sa han, "men också fruktansvärd."
„Manchmal, das muss ich zugeben, macht mir diese Art von Liebe Angst."
"Ibland måste jag erkänna att den här typen av kärlek gör mig rädd."
Pete nickte und sagte: „Ich möchte nicht der Mann sein, der dich berührt."

Pete nickade och sa: "Jag skulle hata att vara mannen som rör vid dig."
Er sah Buck beim Sprechen ernst und voller Respekt an.
Han tittade på Buck medan han talade, allvarlig och full av respekt.
„Py Jingo!", sagte Hans schnell. „Ich auch nicht, nein, Sir."
"Py Jingo!" sa Hans snabbt. "Jag heller, nej, sir."

Noch vor Jahresende wurden Petes Befürchtungen in Circle City wahr.
Innan året var slut besannades Petes farhågor i Circle City.
Ein grausamer Mann namens Black Burton hat in der Bar eine Schlägerei angezettelt.
En grym man vid namn Black Burton började bråka i baren.
Er war wütend und bösartig und ging auf einen Neuling los.
Han var arg och illvillig och gick till attack mot en ny ömtålig person.
John Thornton schritt ein, ruhig und gutmütig wie immer.
John Thornton klev in, lugn och godmodig som alltid.
Buck lag mit gesenktem Kopf in einer Ecke und beobachtete Thornton aufmerksam.
Buck låg i ett hörn med huvudet nedåt och iakttog Thornton noga.
Burton schlug plötzlich zu und sein Schlag ließ Thornton herumwirbeln.
Burton slog plötsligt till, hans slag fick Thornton att snurra.
Nur die Stangenreling verhinderte, dass er hart auf den Boden stürzte.
Endast stångens räcke hindrade honom från att falla hårt mot marken.
Die Beobachter hörten ein Geräusch, das weder Bellen noch Jaulen war
Vaktarna hörde ett ljud som inte var skall eller skrik
Ein tiefes Brüllen kam von Buck, als er auf den Mann zustürzte.
ett djupt vrål kom från Buck när han rusade mot mannen.

Burton riss seinen Arm hoch und rettete nur knapp sein eigenes Leben.
Burton kastade upp armen och räddade nätt och jämnt sitt eget liv.
Buck prallte gegen ihn und warf ihn flach auf den Boden.
Buck körde in i honom och slog honom platt på golvet.
Buck biss tief in den Arm des Mannes und stürzte sich dann auf die Kehle.
Buck bet djupt i mannens arm och kastade sig sedan mot strupen.
Burton konnte den Angriff nur teilweise blocken und sein Hals wurde aufgerissen.
Burton kunde bara delvis blockera, och hans nacke slets upp.
Männer stürmten mit erhobenen Knüppeln herein und vertrieben Buck von dem blutenden Mann.
Män rusade in, hissade klubbor och drev bort Buck den blödande mannen.
Ein Chirurg arbeitete schnell, um den Blutausfluss zu stoppen.
En kirurg arbetade snabbt för att stoppa blodet från att rinna ut.
Buck ging auf und ab und knurrte, während er immer wieder versuchte anzugreifen.
Buck gick fram och tillbaka och morrade, och försökte attackera om och om igen.
Nur schwingende Knüppel hielten ihn davon ab, Burton zu erreichen.
Endast svingande klubbor hindrade honom från att nå Burton.
Eine Bergarbeiterversammlung wurde einberufen und noch vor Ort abgehalten.
Ett gruvarbetarmöte sammankallades och hölls just där på plats.
Sie waren sich einig, dass Buck provoziert worden war, und stimmten für seine Freilassung.
De höll med om att Buck hade blivit provocerad och röstade för att släppa honom fri.

Doch Bucks wilder Name hallte nun durch jedes Lager in Alaska.
Men Bucks våldsamma namn ekade nu i varje läger i Alaska.
Später im Herbst rettete Buck Thornton erneut auf eine neue Art und Weise.
Senare samma höst räddade Buck Thornton igen på ett nytt sätt.
Die drei Männer steuerten ein langes Boot durch wilde Stromschnellen.
De tre männen guidade en lång båt nerför grova forsar.
Thornton steuerte das Boot und rief Anweisungen zur Küste.
Thornton manövrerade båten och ropade upp vägbeskrivningar till strandlinjen.
Hans und Pete rannten an Land und hielten sich an einem Seil fest, das sie von Baum zu Baum führte.
Hans och Pete sprang på land och höll ett rep från träd till träd.
Buck hielt am Ufer Schritt und behielt seinen Herrn immer im Auge.
Buck höll takten på stranden och vakade ständigt över sin herre.
An einer ungünstigen Stelle ragten Felsen aus dem schnellen Wasser hervor.
På ett otäckt ställe stack stenar ut under det snabba vattnet.
Hans ließ das Seil los und Thornton steuerte das Boot weit.
Hans släppte repet, och Thornton styrde båten vida.
Hans sprintete, um das Boot an den gefährlichen Felsen vorbei wieder zu erreichen.
Hans spurtade för att hinna ikapp båten igen förbi de farliga klipporna.
Das Boot passierte den Felsvorsprung, geriet jedoch in eine stärkere Strömung.
Båten passerade avsatsen men träffade en starkare del av strömmen.
Hans griff zu schnell nach dem Seil und brachte das Boot aus dem Gleichgewicht.

Hans grep tag i repet för snabbt och drog båten ur balans.
Das Boot kenterte und prallte mit dem Hinterteil nach oben gegen das Ufer.
Båten voltade och slog in i stranden, med botten upp.
Thornton wurde hinausgeworfen und in den wildesten Teil des Wassers geschwemmt.
Thornton kastades ut och sveptes ner i den vildaste delen av vattnet.
Kein Schwimmer hätte in diesen tödlichen, reißenden Gewässern überleben können.
Ingen simmare skulle ha överlevt i det dödliga, rusande vattnet.
Buck sprang sofort hinein und jagte seinen Herrn den Fluss hinunter.
Buck hoppade genast in och jagade sin husbonde nerför floden.
Nach dreihundert Metern erreichte er endlich Thornton.
Efter trehundra meter nådde han äntligen Thornton.
Thornton packte Buck am Schwanz und Buck drehte sich zum Ufer um.
Thornton grep tag i Bucks stjärt, och Buck vände sig mot stranden.
Er schwamm mit voller Kraft und kämpfte gegen den wilden Sog des Wassers an.
Han simmade med full styrka och kämpade mot vattnets vilda drag.
Sie bewegten sich schneller flussabwärts, als sie das Ufer erreichen konnten.
De rörde sig nedströms snabbare än de kunde nå stranden.
Vor ihnen toste der Fluss immer lauter und stürzte in tödliche Stromschnellen.
Framför dånade floden högre när den störtade ner i dödliga forsar.
Felsen schnitten durch das Wasser wie die Zähne eines riesigen Kamms.
Stenar skar genom vattnet som tänderna på en enorm kam.

Die Anziehungskraft des Wassers in der Nähe des Tropfens war wild und unausweichlich.
Vattnets dragningskraft nära droppen var våldsam och oundviklig.
Thornton wusste, dass sie das Ufer nie rechtzeitig erreichen würden.
Thornton visste att de aldrig skulle kunna nå stranden i tid.
Er schrammte über einen Felsen, zerschmetterte einen zweiten,
Han skrapade över en sten, slog över en andra,
Und dann prallte er gegen einen dritten Felsen, den er mit beiden Händen festhielt.
Och sedan krockade han med en tredje sten och grep tag i den med båda händerna.
Er ließ Buck los und übertönte das Gebrüll: „Los, Buck! Los!"
Han släppte taget om Buck och ropade över vrållet: "Kör, Buck! Kör!"
Buck konnte sich nicht über Wasser halten und wurde von der Strömung mitgerissen.
Buck kunde inte hålla sig flytande och sveptes med av strömmen.
Er kämpfte hart und versuchte, sich umzudrehen, kam aber überhaupt nicht voran.
Han kämpade hårt, kämpade för att vända, men gjorde inga framsteg alls.
Dann hörte er, wie Thornton den Befehl über das Tosen des Flusses hinweg wiederholte.
Sedan hörde han Thornton upprepa kommandot över flodens dån.
Buck erhob sich aus dem Wasser und hob den Kopf, als wolle er einen letzten Blick werfen.
Buck steg upp ur vattnet och lyfte huvudet som för att ta en sista titt.
dann drehte er sich um und gehorchte und schwamm entschlossen auf das Ufer zu.

sedan vände han sig om och lydde, simmande mot stranden med beslutsamhet.

Pete und Hans zogen ihn im letzten Moment an Land.
Pete och Hans drog honom i land i sista möjliga ögonblick.

Sie wussten, dass Thornton sich nur noch wenige Minuten am Felsen festklammern konnte.
De visste att Thornton bara kunde klamra sig fast vid stenen i några minuter till.

Sie rannten das Ufer hinauf zu einer Stelle weit oberhalb der Stelle, an der er hing.
De sprang uppför banken till en plats långt ovanför där han hängde.

Sie befestigten die Bootsleine sorgfältig an Bucks Hals und Schultern.
De knöt försiktigt båtens lina runt Bucks nacke och axlar.

Das Seil saß eng, war aber locker genug zum Atmen und für Bewegung.
Repet var tätt men tillräckligt löst för andning och rörelse.

Dann warfen sie ihn erneut in den reißenden, tödlichen Fluss.
Sedan kastade de honom ner i den forsande, dödliga floden igen.

Buck schwamm mutig, verpasste jedoch seinen Winkel in die Kraft des Stroms.
Buck simmade djärvt men missade vinkeln in i strömmens kraft.

Er sah zu spät, dass er an Thornton vorbeiziehen würde.
Han insåg för sent att han skulle driva förbi Thornton.

Hans riss das Seil fest, als wäre Buck ein kenterndes Boot.
Hans ryckte i repet, som om Buck vore en kapsejsande båt.

Die Strömung zog ihn nach unten und er verschwand unter der Oberfläche.
Strömmen drog honom under ytan, och han försvann under ytan.

Sein Körper schlug gegen das Ufer, bevor Hans und Pete ihn herauszogen.

Hans kropp träffade banken innan Hans och Pete drog upp honom.
Er war halb ertrunken und sie haben das Wasser aus ihm herausgeprügelt.
Han var halvt drunknad, och de stampade vattnet ur honom.
Buck stand auf, taumelte und brach erneut auf dem Boden zusammen.
Buck reste sig, vacklade och kollapsade återigen till marken.
Dann hörten sie Thorntons Stimme, die schwach vom Wind getragen wurde.
Sedan hörde de Thorntons röst svagt buren av vinden.
Obwohl die Worte undeutlich waren, wussten sie, dass er dem Tode nahe war.
Även om orden var oklara, visste de att han var nära döden.
Der Klang von Thorntons Stimme traf Buck wie ein elektrischer Schlag.
Ljudet av Thorntons röst träffade Buck som en elektrisk stöt.
Er sprang auf, rannte das Ufer hinauf und kehrte zum Startpunkt zurück.
Han hoppade upp och sprang uppför stranden, återvändande till startpunkten.
Wieder banden sie Buck das Seil fest und wieder betrat er den Bach.
Återigen band de repet fast vid Buck, och återigen gick han ner i bäcken.
Diesmal schwamm er direkt und entschlossen in das rauschende Wasser.
Den här gången simmade han rakt och bestämt ner i det forsande vattnet.
Hans ließ das Seil langsam los, während Pete darauf achtete, dass es sich nicht verhedderte.
Hans släppte ut repet stadigt medan Pete hindrade det från att trassla ihop sig.
Buck schwamm schnell, bis er direkt über Thornton auf einer Linie lag.
Buck simmade hårt tills han stod uppradad precis ovanför Thornton.

Dann drehte er sich um und raste wie ein Zug mit voller Geschwindigkeit nach unten.
Sedan vände han och rusade ner som ett tåg i full fart.
Thornton sah ihn kommen, machte sich bereit und schlang die Arme um seinen Hals.
Thornton såg honom komma, rustad och låste armarna om hans hals.
Hans band das Seil fest um einen Baum, als beide unter Wasser gezogen wurden.
Hans knöt repet fast runt ett träd när båda drogs under.
Sie stürzten unter Wasser und zerschellten an Felsen und Flusstrümmern.
De tumlade under vattnet och krossade stenar och flodskräp.
In einem Moment war Buck oben, im nächsten erhob sich Thornton keuchend.
Ena stunden var Buck ovanpå, i nästa reste sig Thornton kippandes efter andan.
Zerschlagen und erstickend steuerten sie auf das Ufer zu und waren in Sicherheit.
Misshandlade och kvävda vek de av mot stranden och i säkerhet.
Thornton erlangte sein Bewusstsein wieder und lag quer über einem Treibholzbaumstamm.
Thornton återfick medvetandet, liggandes tvärs över en drivstock.
Hans und Pete haben hart gearbeitet, um ihm Atem und Leben zurückzugeben.
Hans och Pete arbetade hårt med honom för att få honom att andas och få liv igen.
Sein erster Gedanke galt Buck, der regungslos und schlaff dalag.
Hans första tanke var på Buck, som låg orörlig och slapp.
Nig heulte über Bucks Körper und Skeet leckte sanft sein Gesicht.
Nig ylade över Bucks kropp, och Skeet slickade honom försiktigt i ansiktet.

Thornton, wund und verletzt, untersuchte Buck mit vorsichtigen Händen.
Thornton, öm och blåslagen, undersökte Buck med försiktiga händer.
Er stellte fest, dass der Hund drei Rippen gebrochen hatte, jedoch keine tödlichen Wunden aufwies.
Han fann tre brutna revben, men inga dödliga sår på hunden.
„Damit ist die Sache geklärt", sagte Thornton. „Wir zelten hier." Und das taten sie.
"Det avgjorde saken", sa Thornton. "Vi campar här." Och det gjorde de.
Sie blieben, bis Bucks Rippen verheilt waren und er wieder laufen konnte.
De stannade tills Bucks revben läkte och han kunde gå igen.

In diesem Winter vollbrachte Buck eine Leistung, die seinen Ruhm noch weiter steigerte.
Den vintern utförde Buck en bedrift som ytterligare höjde hans berömmelse.
Es war weniger heroisch als Thornton zu retten, aber genauso beeindruckend.
Det var mindre heroiskt än att rädda Thornton, men lika imponerande.
In Dawson benötigten die Partner Vorräte für eine weite Reise.
I Dawson behövde partnerna förnödenheter för en avlägsen resa.
Sie wollten nach Osten reisen, in unberührte Wildnisgebiete.
De ville resa österut, in i orörda vildmarker.
Bucks Tat im Eldorado Saloon machte diese Reise möglich.
Bucks dåd i Eldorado Saloon gjorde den resan möjlig.
Es begann damit, dass Männer bei einem Drink mit ihren Hunden prahlten.
Det började med att män skröt om sina hundar över drinkar.
Bucks Ruhm machte ihn zur Zielscheibe von Herausforderungen und Zweifeln.

Bucks berömmelse gjorde honom till måltavla för utmaningar och tvivel.
Thornton blieb stolz und ruhig und verteidigte Bucks Namen standhaft.
Thornton, stolt och lugn, stod orubbligt fast vid sitt försvar av Bucks namn.
Ein Mann sagte, sein Hund könne problemlos zweihundertsechsunddreißig kg ziehen.
En man sa att hans hund kunde dra femhundra pund med lätthet.
Ein anderer sagte sechshundert und ein dritter prahlte mit siebenhundert.
En annan sa sexhundra, och en tredje skröt om sjuhundra.
„Pfft!", sagte John Thornton, „Buck kann einen fünfhundert kg schweren Schlitten ziehen."
"Pff!" sa John Thornton, "Buck kan dra en släde på tusen pund."
Matthewson, ein Bonanza-König, beugte sich vor und forderte ihn heraus.
Matthewson, en Bonanzakung, lutade sig fram och utmanade honom.
„Glauben Sie, er kann so viel Gewicht in Bewegung setzen?"
"Tror du att han kan lägga så mycket vikt i rörelse?"
„Und Sie glauben, er kann das Gewicht volle hundert Meter weit ziehen?"
"Och du tror att han kan dra vikten hela hundra meter?"
Thornton antwortete kühl: „Ja. Buck ist Hund genug, um das zu tun."
Thornton svarade kyligt: "Ja. Buck är hund nog att göra det."
„Er wird tausend Pfund in Bewegung setzen und es hundert Meter weit ziehen."
"Han sätter tusen pund i rörelse och drar det hundra meter."
Matthewson lächelte langsam und stellte sicher, dass alle Männer seine Worte hörten.
Matthewson log långsamt och försäkrade sig om att alla män hörde hans ord.

„Ich habe tausend Dollar, die sagen, dass er es nicht kann. Da ist es."

"Jag har tusen dollar som det står att han inte kan. Där är det."

Er knallte einen Sack Goldstaub von der Größe einer Wurst auf die Theke.

Han slängde en säck med gulddamm stor som korv på baren.

Niemand sagte ein Wort. Die Stille um sie herum wurde drückend und angespannt.

Ingen sa ett ord. Tystnaden blev tung och spänd omkring dem.

Thorntons Bluff – wenn es denn einer war – war ernst genommen worden.

Thorntons bluff – om det nu var en – hade tagits på allvar.

Er spürte, wie ihm die Hitze im Gesicht aufstieg und das Blut in seine Wangen schoss.

Han kände hettan stiga i ansiktet medan blodet forsade upp mot kinderna.

In diesem Moment war seine Zunge seiner Vernunft voraus.

Hans tunga hade överträffat hans förnuft i det ögonblicket.

Er wusste wirklich nicht, ob Buck fünfhundert kg bewegen konnte.

Han visste verkligen inte om Buck kunde flytta tusen pund.

Eine halbe Tonne! Allein die Größe ließ ihm das Herz schwer werden.

Ett halvt ton! Bara storleken gjorde honom tung i hjärtat.

Er hatte Vertrauen in Bucks Stärke und hielt ihn für fähig.

Han hade förtroende för Bucks styrka och hade ansett honom duglig.

Doch einer solchen Herausforderung war er noch nie begegnet, nicht auf diese Art und Weise.

Men han hade aldrig mött den här typen av utmaning, inte som denna.

Ein Dutzend Männer beobachteten ihn still und warteten darauf, was er tun würde.

Ett dussin män iakttog honom tyst och väntade på att se vad han skulle göra.

Er hatte das Geld nicht – Hans und Pete auch nicht.

Han hade inte pengarna – inte heller Hans eller Pete.

„Ich habe draußen einen Schlitten", sagte Matthewson kalt und direkt.

"Jag har en släde utomhus", sa Matthewson kallt och rättframt.

„Es ist mit zwanzig Säcken zu je fünfzig Pfund beladen, alles Mehl.

"Den är lastad med tjugo säckar, femtio pund styck, allt mjöl."

Lassen Sie sich also jetzt nicht von einem fehlenden Schlitten als Ausrede ausreden", fügte er hinzu.

Så låt inte en saknad släde bli din ursäkt nu", tillade han.

Thornton stand still da. Er wusste nicht, was er sagen sollte.

Thornton stod tyst. Han visste inte vilka ord han skulle säga.

Er blickte sich die Gesichter an, ohne sie deutlich zu erkennen.

Han tittade sig omkring på ansiktena utan att se dem tydligt.

Er sah aus wie ein Mann, der in Gedanken erstarrt war und versuchte, neu zu starten.

Han såg ut som en man som var fastfrusen i sina tankar och försökte starta om.

Dann sah er Jim O'Brien, einen Freund aus der Mastodon-Zeit.

Sedan såg han Jim O'Brien, en vän från Mastodont-dagarna.

Dieses vertraute Gesicht gab ihm Mut, von dem er nicht wusste, dass er ihn hatte.

Det bekanta ansiktet gav honom ett mod han inte visste att han hade.

Er drehte sich um und fragte mit leiser Stimme: „Können Sie mir tausend leihen?"

Han vände sig om och frågade med låg röst: "Kan du låna mig tusen?"

„Sicher", sagte O'Brien und ließ bereits einen schweren Sack neben dem Gold fallen.

"Visst", sa O'Brien och släppte redan en tung säck vid guldet.

„Aber ehrlich gesagt, John, ich glaube nicht, dass das Biest das tun kann."

"Men ärligt talat, John, jag tror inte att odjuret kan göra det här."

Alle im Eldorado Saloon strömten nach draußen, um sich die Veranstaltung anzusehen.

Alla i Eldorado Saloon skyndade sig ut för att se evenemanget.

Sie ließen Tische und Getränke zurück und sogar die Spiele wurden unterbrochen.

De lämnade bord och drycker, och till och med spelen pausades.

Dealer und Spieler kamen, um das Ende der kühnen Wette mitzuerleben.

Dealers och spelare kom för att bevittna det djärva vadets slut.

Hunderte versammelten sich auf der vereisten Straße um den Schlitten.

Hundratals samlades runt släden på den isiga öppna gatan.

Matthewsons Schlitten stand mit einer vollen Ladung Mehlsäcke da.

Matthewsons släde stod med en full last av mjölsäckar.

Der Schlitten stand stundenlang bei Minustemperaturen.

Kälken hade stått i timmar i minusgrader.

Die Kufen des Schlittens waren fest am festgetretenen Schnee festgefroren.

Kälkens medar var fastfrusna i den hoppackade snön.

Die Männer wetteten zwei zu eins, dass Buck den Schlitten nicht bewegen könne.

Männen erbjöd två mot ett-odds på att Buck inte kunde flytta släden.

Es kam zu einem Streit darüber, was „ausbrechen" eigentlich bedeutet.

En tvist utbröt om vad "utbrott" egentligen betydde.

O'Brien sagte, Thornton solle die festgefrorene Basis des Schlittens lösen.

O'Brien sa att Thornton borde lossa slädens frusna botten.

Buck könnte dann aus einem soliden, bewegungslosen Start „ausbrechen".

Buck kunde sedan "bryta ut" från en stabil, orörlig start.

Matthewson argumentierte, dass der Hund auch die Läufer befreien müsse.
Matthewson hävdade att hunden också måste släppa loss löparna.
Die Männer, die von der Wette gehört hatten, stimmten Matthewsons Ansicht zu.
Männen som hade hört vadet höll med Matthewsons åsikt.
Mit dieser Entscheidung stiegen die Chancen auf drei zu eins gegen Buck.
Med det beslutet steg oddsen till tre mot ett mot Buck.
Niemand trat vor, um die wachsende Drei-zu-eins-Chance auf sich zu nehmen.
Ingen klev fram för att acceptera de växande oddsen på tre mot ett.
Kein einziger Mann glaubte, dass Buck diese große Leistung vollbringen könnte.
Inte en enda man trodde att Buck kunde utföra den stora bedriften.
Thornton war zu der Wette gedrängt worden, obwohl er voller Zweifel war.
Thornton hade blivit involverad i vadet i hast, tyngd av tvivel.
Nun blickte er auf den Schlitten und das zehnköpfige Hundegespann daneben.
Nu tittade han på släden och det tiohunds stora spannet bredvid den.
Als ich die Realität der Aufgabe sah, erschien sie noch unmöglicher.
Att se uppgiftens verklighet gjorde den mer omöjlig.
Matthewson war in diesem Moment voller Stolz und Selbstvertrauen.
Matthewson var full av stolthet och självförtroende i det ögonblicket.
„Drei zu eins!", rief er. „Ich wette noch tausend, Thornton!"
"Tre mot ett!" ropade han. "Jag slår vad om tusen till, Thornton!"
Was sagst du dazu?", fügte er laut genug hinzu, dass es alle hören konnten.

"Vad säger du?" tillade han, tillräckligt högt för att alla skulle höra.
Thorntons Gesicht zeigte seine Zweifel, aber sein Geist war aufgeblüht.
Thorntons ansikte visade hans tvivel, men hans mod hade stigit.
Dieser Kampfgeist ignorierte alle Widrigkeiten und fürchtete sich überhaupt nicht.
Den kämparandan ignorerade oddsen och fruktade ingenting alls.
Er forderte Hans und Pete auf, ihr gesamtes Bargeld auf den Tisch zu bringen.
Han ringde Hans och Pete för att de skulle ta med sig alla sina pengar till bordet.
Ihnen blieb nicht mehr viel übrig – insgesamt nur zweihundert Dollar.
De hade inte mycket kvar – bara tvåhundra dollar tillsammans.
Diese kleine Summe war ihr gesamtes Vermögen in schweren Zeiten.
Denna lilla summa var deras totala förmögenhet under svåra tider.
Dennoch setzten sie ihr gesamtes Vermögen auf Matthewsons Wette.
Ändå satsade de hela förmögenheten mot Matthewsons vad.
Das zehnköpfige Hundegespann wurde abgekoppelt und vom Schlitten wegbewegt.
Tiohundsspannet kopplades loss och rörde sig bort från släden.
Buck wurde in die Zügel genommen und trug sein vertrautes Geschirr.
Buck placerades i tyglarna, iklädd sin välbekanta sele.
Er hatte die Energie der Menge aufgefangen und die Spannung gespürt.
Han hade fångat publikens energi och känt spänningen.
Irgendwie wusste er, dass er etwas für John Thornton tun musste.

På något sätt visste han att han var tvungen att göra något för John Thornton.
Die Leute murmelten voller Bewunderung über die stolze Gestalt des Hundes.
Folk mumlade av beundran över hundens stolta figur.
Er war schlank und stark und hatte kein einziges Gramm Fleisch zu viel.
Han var mager och stark, utan ett enda uns extra kött.
Sein Gesamtgewicht von hundertfünfzig Pfund bestand nur aus Kraft und Ausdauer.
Hans fulla vikt på hundrafemtio pund var ren kraft och uthållighet.
Bucks Fell glänzte wie Seide und strotzte vor Gesundheit und Kraft.
Bucks päls glänste som siden, tjock av hälsa och styrka.
Das Fell an seinem Hals und seinen Schultern schien sich aufzurichten und zu sträuben.
Pälsen längs hans hals och axlar tycktes lyfta sig och borsta.
Seine Mähne bewegte sich leicht, jedes Haar war voller Energie.
Hans man rörde sig lätt, varje hårstrå levde av hans stora energi.
Seine breite Brust und seine starken Beine passten zu seinem schweren, robusten Körperbau.
Hans breda bröstkorg och starka ben matchade hans tunga, tuffa kroppsbyggnad.
Unter seinem Mantel spannten sich Muskeln, straff und fest wie geschmiedetes Eisen.
Musklerna krusade sig under hans rock, spända och fasta som bundet järn.
Männer berührten ihn und schworen, er sei gebaut wie eine Stahlmaschine.
Män rörde vid honom och svor att han var byggd som en stålmaskin.
Die Quoten sanken leicht auf zwei zu eins gegen den großen Hund.

Oddsen sjönk något till två mot ett mot den fantastiska hunden.

Ein Mann von den Skookum Benches drängte sich stotternd nach vorne.

En man från Skookum-bänkarna knuffade sig fram, stammande.

„Gut, Sir! Ich biete achthundert für ihn – vor der Prüfung, Sir!"

"Bra, herrn! Jag erbjuder åttahundra för honom – före provet, herrn!"

„Achthundert, so wie er jetzt dasteht!", beharrte der Mann.

"Åtta hundra, som han står just nu!" insisterade mannen.

Thornton trat vor, lächelte und schüttelte ruhig den Kopf.

Thornton klev fram, log och skakade lugnt på huvudet.

Matthewson schritt schnell mit warnender Stimme und einem Stirnrunzeln ein.

Matthewson ingrep snabbt med varnande röst och rynka pannan.

„Sie müssen Abstand von ihm halten", sagte er. „Geben Sie ihm Raum."

"Du måste ta ett steg bort från honom", sa han. "Ge honom utrymme."

Die Menge verstummte; nur die Spieler boten noch zwei zu eins.

Folkmassan blev tyst; endast spelare erbjöd fortfarande två mot ett.

Alle bewunderten Bucks Körperbau, aber die Last schien zu groß.

Alla beundrade Bucks kroppsbyggnad, men lasten såg för tung ut.

Zwanzig Säcke Mehl – jeder fünfzig Pfund schwer – schienen viel zu viel.

Tjugo säckar mjöl – vardera femtio pund i vikt – verkade alldeles för mycket.

Niemand war bereit, seinen Geldbeutel zu öffnen und sein Geld zu riskieren.

Ingen var villig att öppna sin påse och riskera sina pengar.

Thornton kniete neben Buck und nahm seinen Kopf in beide Hände.
Thornton knäböjde bredvid Buck och tog hans huvud i båda händerna.
Er drückte seine Wange an Bucks und sprach in sein Ohr.
Han pressade sin kind mot Bucks och talade i hans öra.
Es gab jetzt kein spielerisches Schütteln oder geflüsterte liebevolle Beleidigungen.
Det förekom inga lekfulla skakningar eller viskande kärleksfulla förolämpningar nu.
Er murmelte nur leise: „So sehr du mich liebst, Buck."
Han mumlade bara mjukt: "Så mycket som du älskar mig, Buck."
Buck stieß ein leises Winseln aus, seine Begierde konnte er kaum zurückhalten.
Buck släppte ifrån sig ett tyst gnäll, hans iver knappt tyglad.
Die Zuschauer beobachteten neugierig, wie Spannung in der Luft lag.
Åskådarna tittade nyfiket på medan spänning fyllde luften.
Der Moment fühlte sich fast unwirklich an, wie etwas jenseits der Vernunft.
Ögonblicket kändes nästan overkligt, som något bortom all förnuft.
Als Thornton aufstand, nahm Buck sanft seine Hand zwischen die Kiefer.
När Thornton reste sig tog Buck försiktigt hans hand i sina käkar.
Er drückte mit den Zähnen nach unten und ließ dann langsam und sanft los.
Han tryckte ner med tänderna och släppte sedan taget långsamt och försiktigt.
Es war eine stille Antwort der Liebe, nicht ausgesprochen, aber verstanden.
Det var ett tyst svar av kärlek, inte uttalat, men förstått.
Thornton trat weit von dem Hund zurück und gab das Signal.

Thornton tog ett bra steg tillbaka från hunden och gav signalen.

„Jetzt, Buck", sagte er und Buck antwortete mit konzentrierter Ruhe.

"Nu, Buck", sa han, och Buck svarade med fokuserat lugn.

Buck spannte die Leinen und lockerte sie dann um einige Zentimeter.

Buck drog åt skenorna och lossade dem sedan några centimeter.

Dies war die Methode, die er gelernt hatte; seine Art, den Schlitten zu zerbrechen.

Det här var metoden han hade lärt sig; hans sätt att bryta släden.

„Mensch!", rief Thornton mit scharfer Stimme in der schweren Stille.

"Herregud!" ropade Thornton, hans röst skarp i den tunga tystnaden.

Buck drehte sich nach rechts und stürzte sich mit seinem gesamten Gewicht nach vorn.

Buck svängde åt höger och kastade sig fram med all sin vikt.

Das Spiel verschwand und Bucks gesamte Masse traf die straffen Leinen.

Slaket försvann, och Bucks fulla massa träffade de snäva spåren.

Der Schlitten zitterte und die Kufen machten ein knackendes, knisterndes Geräusch.

Kälken darrade, och medarna gav ifrån sig ett krispigt knastrande ljud.

„Haw!", befahl Thornton und änderte erneut Bucks Richtung.

"Ha!" befallde Thornton och ändrade Bucks riktning igen.

Buck wiederholte die Bewegung und zog diesmal scharf nach links.

Buck upprepade rörelsen, den här gången drog han skarpt åt vänster.

Das Knacken des Schlittens wurde lauter, die Kufen knackten und verschoben sich.

Kälken knarrade högre, medarna knäppte och rörde sig.
Die schwere Last rutschte leicht seitwärts über den gefrorenen Schnee.
Den tunga lasten gled lätt i sidled över den frusna snön.
Der Schlitten hatte sich aus der Umklammerung des eisigen Pfades gelöst!
Kälken hade lossnat från den isiga ledens grepp!
Die Männer hielten den Atem an, ohne zu merken, dass sie nicht einmal atmeten.
Männen höll andan, omedvetna om att de inte ens andades.
„Jetzt ZIEHEN!", rief Thornton durch die eisige Stille.
"DRA NU!" ropade Thornton över den frusna tystnaden.
Thorntons Befehl klang scharf wie ein Peitschenknall.
Thorntons kommando ljöd skarpt, som ljudet av en piska.
Buck stürzte sich mit einem heftigen und heftigen Ausfallschritt nach vorne.
Buck kastade sig framåt med ett våldsamt och skakande utfall.
Sein ganzer Körper war aufgrund der enormen Belastung angespannt und verkrampft.
Hela hans kropp spändes och knöts ihop av den massiva påfrestningen.
Unter seinem Fell spannten sich Muskeln wie lebendig werdende Schlangen.
Musklerna krusade sig under hans päls likt ormar som vaknar till liv.
Seine breite Brust war tief, der Kopf nach vorne zum Schlitten gestreckt.
Hans stora bröstkorg var sänkt, huvudet sträckt framåt mot släden.
Seine Pfoten bewegten sich blitzschnell und seine Krallen zerschnitten den gefrorenen Boden.
Hans tassar rörde sig som blixten, klor skar den frusna marken.
Er kämpfte um jeden Zentimeter Bodenhaftung und hinterließ tiefe Rillen.
Djupa spår skars upp medan han kämpade för varje centimeter av grepp.

Der Schlitten schaukelte, zitterte und begann eine langsame, unruhige Bewegung.
Kälken gungade, darrade och började en långsam, orolig rörelse.
Ein Fuß rutschte aus und ein Mann in der Menge stöhnte laut auf.
En fot halkade, och en man i folkmassan stönade högt.
Dann machte der Schlitten mit einer ruckartigen, heftigen Bewegung einen Satz nach vorne.
Sedan kastade sig släden framåt i en ryckig, grov rörelse.
Es hörte nicht wieder auf – noch einen halben Zoll ... einen Zoll ... zwei Zoll mehr.
Det stannade inte igen – en halv tum... en tum... två tum till.
Die Stöße wurden kleiner, als der Schlitten an Geschwindigkeit zunahm.
Ryckningarna blev mindre allt eftersom släden började öka i fart.
Bald zog Buck mit sanfter, gleichmäßiger Rollkraft.
Snart drog Buck med mjuk, jämn, rullande kraft.
Die Männer schnappten nach Luft und erinnerten sich schließlich wieder daran zu atmen.
Männen kippade efter andan och kom äntligen ihåg att andas igen.
Sie hatten nicht bemerkt, dass ihnen vor Ehrfurcht der Atem stockte.
De hade inte märkt att deras andedräkt hade upphört i vördnad.
Thornton rannte hinterher und rief kurze, fröhliche Befehle.
Thornton sprang bakom och ropade korta, glada befallningar.
Vor uns lag ein Stapel Brennholz, der die Entfernung markierte.
Framför låg en hög med ved som markerade avståndet.
Als Buck sich dem Haufen näherte, wurde der Jubel immer lauter.
När Buck närmade sig högen blev jublet högre och högre.
Der Jubel schwoll zu einem Brüllen an, als Buck den Endpunkt passierte.

Jublet svällde till ett vrål när Buck passerade slutpunkten.
Männer sprangen auf und schrien, sogar Matthewson grinste.
Män hoppade och skrek, till och med Matthewson brast ut i ett flin.
Hüte flogen durch die Luft, Fäustlinge wurden gedankenlos und ziellos herumgeworfen.
Hattar flög upp i luften, vantar kastades utan tanke eller sikte.
Männer packten einander und schüttelten sich die Hände, ohne zu wissen, wer es war.
Männen grep tag i varandra och skakade hand utan att veta vem.
Die ganze Menge war in wilder, freudiger Stimmung.
Hela folkmassan surrade av vilt, glädjefyllt jubel.
Thornton fiel mit zitternden Händen neben Buck auf die Knie.
Thornton föll ner på knä bredvid Buck med darrande händer.
Er drückte seinen Kopf an Bucks und schüttelte ihn sanft hin und her.
Han tryckte sitt huvud mot Bucks och skakade honom försiktigt fram och tillbaka.
Diejenigen, die näher kamen, hörten, wie er den Hund mit stiller Liebe verfluchte.
De som närmade sig hörde honom förbanna hunden med stillsam kärlek.
Er beschimpfte Buck lange – leise, herzlich und emotional.
Han svor åt Buck länge – mjukt, varmt, med känslor.
„Gut, Sir! Gut, Sir!", rief der König der Skookum-Bank hastig.
"Bra, herrn! Bra, herrn!" ropade Skookum-bänkskungen i all hast.
„Ich gebe Ihnen tausend – nein, zwölfhundert – für diesen Hund, Sir!"
"Jag ger er tusen – nej, tolvhundra – för den där hunden, herrn!"
Thornton stand langsam auf, seine Augen glänzten vor Emotionen.

Thornton reste sig långsamt upp, hans ögon lyste av känslor.
Tränen strömten ihm ohne jede Scham über die Wangen.
Tårar strömmade öppet nerför hans kinder utan någon skam.
„Sir", sagte er zum König der Skookum-Bank, ruhig und bestimmt
"Herre", sade han till kungen av Skookum-bänken, stadig och bestämd
„Nein, Sir. Sie können zur Hölle fahren, Sir. Das ist meine endgültige Antwort."
"Nej, sir. Ni kan dra åt helvete, sir. Det är mitt slutgiltiga svar."
Buck packte Thorntons Hand sanft mit seinen starken Kiefern.
Buck grep försiktigt Thorntons hand med sina starka käkar.
Thornton schüttelte ihn spielerisch, ihre Bindung war so tief wie eh und je.
Thornton skakade honom lekfullt, deras band var lika djupt som alltid.
Die Menge, bewegt von diesem Moment, trat schweigend zurück.
Folkmassan, berörd av ögonblicket, tog ett tyst steg tillbaka.
Von da an wagte es niemand mehr, diese heilige Zuneigung zu unterbrechen.
Från och med då vågade ingen avbryta sådan helig tillgivenhet.

Der Klang des Rufs
Ljudet av samtalet

Buck hatte in fünf Minuten Sechzehnhundert Dollar verdient.
Buck hade tjänat sextonhundra dollar på fem minuter.
Mit dem Geld konnte John Thornton einen Teil seiner Schulden begleichen.
Pengarna lät John Thornton betala av en del av sina skulder.
Mit dem restlichen Geld machte er sich mit seinen Partnern auf den Weg nach Osten.
Med resten av pengarna begav han sig österut med sina partners.
Sie suchten nach einer sagenumwobenen verlorenen Mine, die so alt ist wie das Land selbst.
De sökte efter en sägenomspunnen förlorad gruva, lika gammal som landet självt.
Viele Männer hatten nach der Mine gesucht, aber nur wenige hatten sie je gefunden.
Många män hade letat efter gruvan, men få hade någonsin hittat den.
Während der gefährlichen Suche waren nicht wenige Männer verschwunden.
Mer än ett fåtal män hade försvunnit under den farliga jakten.
Diese verlorene Mine war sowohl in Geheimnisse als auch in eine alte Tragödie gehüllt.
Denna förlorade gruva var insvept i både mystik och gammal tragedi.
Niemand wusste, wer der erste Mann war, der die Mine entdeckt hatte.
Ingen visste vem den första mannen som hittade gruvan hade varit.
In den ältesten Geschichten wird niemand namentlich erwähnt.
De äldsta berättelserna nämner ingen vid namn.
Dort hatte immer eine alte, baufällige Hütte gestanden.
Där hade alltid funnits en gammal fallfärdig stuga.

Sterbende Männer hatten geschworen, dass sich neben dieser alten Hütte eine Mine befand.
Döende män hade svurit att det fanns en gruva bredvid den gamla stugan.
Sie bewiesen ihre Geschichten mit Gold, wie es nirgendwo sonst zu finden ist.
De bevisade sina historier med guld som inget annat finns.
Keine lebende Seele hatte den Schatz von diesem Ort jemals geplündert.
Ingen levande själ hade någonsin plundrat skatten från den platsen.
Die Toten waren tot, und Tote erzählen keine Geschichten.
De döda var döda, och döda män berättar inga historier.
Also machten sich Thornton und seine Freunde auf den Weg in den Osten.
Så Thornton och hans vänner begav sig österut.
Pete und Hans kamen mit Buck und sechs starken Hunden.
Pete och Hans anslöt sig, medförande Buck och sex starka hundar.
Sie begaben sich auf einen unbekannten Weg, an dem andere gescheitert waren.
De gav sig av in på en okänd stig där andra hade misslyckats.
Sie rodelten siebzig Meilen den zugefrorenen Yukon River hinauf.
De åkte kälk drygt sju mil uppför den frusna Yukonfloden.
Sie bogen links ab und folgten dem Pfad bis zum Stewart.
De svängde vänster och följde leden in i Stewart.
Sie passierten Mayo und McQuestion und drängten weiter.
De passerade Mayo och McQuestion och fortsatte vidare.
Der Stewart schrumpfte zu einem Strom, der sich durch zerklüftete Gipfel schlängelte.
Stewartfloden krympte in i en bäck och släpade sig längs spetsiga toppar.
Diese scharfen Gipfel markierten das Rückgrat des Kontinents.
Dessa vassa toppar markerade själva kontinentens ryggrad.

John Thornton verlangte wenig von den Menschen oder der Wildnis.
John Thornton krävde föga av människor eller det vilda landskapet.
Er fürchtete nichts in der Natur und begegnete der Wildnis mit Leichtigkeit.
Han fruktade ingenting i naturen och mötte vildmarken med lätthet.
Nur mit Salz und einem Gewehr konnte er reisen, wohin er wollte.
Med bara salt och ett gevär kunde han resa vart han ville.
Wie die Eingeborenen jagte er auf seiner Reise nach Nahrung.
Liksom infödingarna jagade han mat medan han färdades.
Wenn er nichts fing, machte er weiter und vertraute auf sein Glück.
Om han inte fångade något fortsatte han och litade på turen.
Auf dieser langen Reise war Fleisch die Hauptnahrungsquelle.
På denna långa resa var kött det viktigaste de åt.
Der Schlitten enthielt Werkzeuge und Munition, jedoch keinen strengen Zeitplan.
Släden innehöll verktyg och ammunition, men inget strikt tidtabell.
Buck liebte dieses Herumwandern, die endlose Jagd und das Fischen.
Buck älskade detta irrande; den oändliga jakten och fisket.
Wochenlang waren sie Tag für Tag unterwegs.
I veckor reste de dag efter stadig dag.
Manchmal schlugen sie Lager auf und blieben wochenlang dort.
Andra gånger slog de läger och stannade stilla i veckor.
Die Hunde ruhten sich aus, während die Männer im gefrorenen Dreck gruben.
Hundarna vilade medan männen grävde genom frusen jord.
Sie erwärmten Pfannen über dem Feuer und suchten nach verborgenem Gold.

De värmde pannor över eldar och letade efter gömt guld.
An manchen Tagen hungerten sie, an anderen feierten sie Feste.
Vissa dagar svalt de, och andra dagar hade de fester.
Ihre Mahlzeiten hingen vom Wild und vom Jagdglück ab.
Deras måltider berodde på viltet och jaktturen.
Als der Sommer kam, trugen Männer und Hunde schwere Lasten auf ihren Rücken.
När sommaren kom packade män och hundar bördor på sina ryggar.
Sie fuhren mit dem Floß über blaue Seen, die in Bergwäldern versteckt waren.
De forsrännade över blå sjöar gömda i bergskogar.
Sie segelten in schmalen Booten auf Flüssen, die noch nie von Menschen kartiert worden waren.
De seglade smala båtar på floder som ingen människa någonsin hade kartlagt.
Diese Boote wurden aus Bäumen gebaut, die sie in der Wildnis gesägt haben.
De där båtarna byggdes av träd som de sågade i naturen.

Die Monate vergingen und sie schlängelten sich durch die wilden, unbekannten Länder.
Månaderna gick, och de slingrade sig genom de vilda okända länderna.
Es waren keine Männer dort, doch alte Spuren deuteten darauf hin, dass Männer dort gewesen waren.
Det fanns inga män där, men gamla spår antydde att det hade funnits män.
Wenn die verlorene Hütte echt war, dann waren einst andere hier entlang gekommen.
Om den förlorade stugan var verklig, så hade andra en gång kommit hit.
Sie überquerten hohe Pässe bei Schneestürmen, sogar im Sommer.
De korsade höga pass i snöstormar, även under sommaren.

Sie zitterten unter der Mitternachtssonne auf kahlen Berghängen.
De huttrade under midnattssolen på kala bergssluttningar.
Zwischen der Baumgrenze und den Schneefeldern stiegen sie langsam auf.
Mellan trädgränsen och snöfälten klättrade de långsamt.
In warmen Tälern schlugen sie nach Schwärmen aus Mücken und Fliegen.
I varma dalar slog de mot moln av knott och flugor.
Sie pflückten süße Beeren in der Nähe von Gletschern in voller Sommerblüte.
De plockade söta bär nära glaciärer i full sommarblomning.
Die Blumen, die sie fanden, waren genauso schön wie die im Süden.
Blommorna de hittade var lika vackra som de i Söderlandet.
Im Herbst erreichten sie eine einsame Region voller stiller Seen.
Den hösten nådde de en enslig region fylld med tysta sjöar.
Das Land war traurig und leer, einst voller Vögel und Tiere.
Landet var sorgset och tomt, en gång levt av fåglar och djur.
Jetzt gab es kein Leben mehr, nur noch den Wind und das Eis, das sich in Pfützen bildete.
Nu fanns det inget liv, bara vinden och isen som bildades i pölar.
Mit einem sanften, traurigen Geräusch schlugen die Wellen gegen die leeren Ufer.
Vågor sköljde mot tomma stränder med ett mjukt, sorgset ljud.

Ein weiterer Winter kam und sie folgten erneut schwachen, alten Spuren.
Ännu en vinter kom, och de följde återigen svaga, gamla stigar.
Dies waren die Spuren von Männern, die schon lange vor ihnen gesucht hatten.
Dessa var spåren efter män som hade sökt långt före dem.

Einmal fanden sie einen Pfad, der tief in den dunklen Wald hineinreichte.
En gång hittade de en stig djupt in i den mörka skogen.
Es war ein alter Pfad und sie hatten das Gefühl, dass die verlorene Hütte ganz in der Nähe war.
Det var en gammal stig, och de kände att den förlorade stugan var nära.
Doch die Spur führte nirgendwo hin und verlor sich im dichten Wald.
Men stigen ledde ingenstans och bleknade bort in i den täta skogen.
Wer auch immer die Spur angelegt hat und warum, das wusste niemand.
Vem som än gjorde leden, och varför de gjorde den, visste ingen.
Später fanden sie das Wrack einer Hütte, versteckt zwischen den Bäumen.
Senare hittade de vraket av en stuga gömd bland träden.
Verrottende Decken lagen verstreut dort, wo einst jemand geschlafen hatte.
Ruttnande filtar låg utspridda där någon en gång hade sovit.
John Thornton fand darin ein Steinschlossgewehr mit langem Lauf.
John Thornton hittade ett flintlås med lång pipa begravt inuti.
Er wusste, dass es sich um eine Waffe von Hudson Bay aus den frühen Handelstagen handelte.
Han visste att detta var en Hudson Bay-kanon från tidiga handelsdagar.
Damals wurden solche Gewehre gegen Stapel von Biberfellen eingetauscht.
På den tiden byttes sådana vapen mot högar av bäverskinn.
Das war alles – von dem Mann, der die Hütte gebaut hatte, gab es keine Spur mehr.
Det var allt – ingen ledtråd återstod om mannen som byggt stugan.

Der Frühling kam wieder und sie fanden keine Spur von der verlorenen Hütte.
Våren kom igen, och de fann inga tecken på den Försvunna Stugan.
Stattdessen fanden sie ein breites Tal mit einem seichten Bach.
Istället fann de en bred dal med en grund bäck.
Gold lag wie glatte, gelbe Butter auf dem Pfannenboden.
Guld låg över pannbottnarna som slätt, gult smör.
Sie hielten dort an und suchten nicht weiter nach der Hütte.
De stannade där och letade inte längre efter stugan.
Jeden Tag arbeiteten sie und fanden Tausende in Goldstaub.
Varje dag arbetade de och fann tusentals i gulddamm.
Sie packten das Gold in Säcke aus Elchhaut, jeder Fünfzig Pfund schwer.
De packade guldet i påsar med älgskinn, femtio pund styck.
Die Säcke waren wie Brennholz vor ihrer kleinen Hütte gestapelt.
Väskorna var staplade som ved utanför deras lilla stuga.
Sie arbeiteten wie Giganten und die Tage vergingen wie im Flug.
De arbetade som jättar, och dagarna gick som snabba drömmar.
Sie häuften Schätze an, während die endlosen Tage schnell vorbeizogen.
De samlade skatter medan de oändliga dagarna snabbt rann förbi.
Außer ab und zu Fleisch zu schleppen, gab es für die Hunde nicht viel zu tun.
Det fanns inte mycket för hundarna att göra förutom att bära kött då och då.
Thornton jagte und tötete das Wild, und Buck lag am Feuer.
Thornton jagade och dödade viltet, och Buck låg vid elden.
Er verbrachte viele Stunden schweigend, versunken in Gedanken und Erinnerungen.
Han tillbringade långa timmar i tystnad, försjunken i tankar och minnen.

Das Bild des haarigen Mannes kam Buck immer häufiger in den Sinn.
Bilden av den hårige mannen dök upp allt oftare i Bucks sinne.
Jetzt, wo es kaum noch Arbeit gab, träumte Buck, während er ins Feuer blinzelte.
Nu när arbetet var knappt, drömde Buck medan han blinkade mot elden.
In diesen Träumen wanderte Buck mit dem Mann in eine andere Welt.
I de drömmarna vandrade Buck med mannen i en annan värld.
Angst schien das stärkste Gefühl in dieser fernen Welt zu sein.
Rädsla verkade vara den starkaste känslan i den avlägsna världen.
Buck sah, wie der haarige Mann mit gesenktem Kopf schlief.
Buck såg den hårige mannen sova med huvudet sänkt.
Seine Hände waren gefaltet und sein Schlaf war unruhig und unterbrochen.
Hans händer var knäppta, och hans sömn var orolig och avbruten.
Er wachte immer ruckartig auf und starrte ängstlich in die Dunkelheit.
Han brukade vakna med ett ryck och stirra förskräckt in i mörkret.
Dann warf er mehr Holz ins Feuer, um die Flamme hell zu halten.
Sedan kastade han mer ved på elden för att hålla lågan stark.
Manchmal spazierten sie an einem Strand entlang, der an einem grauen, endlosen Meer entlangführte.
Ibland promenerade de längs en strand vid ett grått, oändligt hav.
Der haarige Mann sammelte Schalentiere und aß sie im Gehen.

Den hårige mannen plockade skaldjur och åt dem medan han gick.
Seine Augen suchten immer nach verborgenen Gefahren in den Schatten.
Hans ögon sökte alltid efter dolda faror i skuggorna.
Seine Beine waren immer bereit, beim ersten Anzeichen einer Bedrohung loszusprinten.
Hans ben var alltid redo att spurta vid första tecken på hot.
Sie schlichen still und vorsichtig Seite an Seite durch den Wald.
De smög genom skogen, tysta och vaksamma, sida vid sida.
Buck folgte ihm auf den Fersen und beide blieben wachsam.
Buck följde i hans hästar, och båda förblev vaksamma.
Ihre Ohren zuckten und bewegten sich, ihre Nasen schnüffelten in der Luft.
Deras öron ryckte och rörde sig, deras näsor sniffade i luften.
Der Mann konnte den Wald genauso gut hören und riechen wie Buck.
Mannen kunde höra och känna lukten av skogen lika skarpt som Buck.
Der haarige Mann schwang sich mit plötzlicher Geschwindigkeit durch die Bäume.
Den hårige mannen svängde sig genom träden med plötslig hastighet.
Er sprang von Ast zu Ast, ohne jemals den Halt zu verlieren.
Han hoppade från gren till gren och tappade aldrig greppet.
Er bewegte sich über dem Boden genauso schnell wie auf ihm.
Han rörde sig lika snabbt ovanför marken som han gjorde på den.
Buck erinnerte sich an lange Nächte, in denen er unter den Bäumen Wache hielt.
Buck mindes långa nätter under träden, där han höll vakt.
Der Mann schlief auf seiner Stange in den Zweigen und klammerte sich fest.
Mannen sov och hvilade i grenarna och klamrade sig hårt fast.

Diese Vision des haarigen Mannes war eng mit dem tiefen Ruf verbunden.
Denna syn av den hårige mannen var nära knuten till det djupa kallet.
Der Ruf klang noch immer mit eindringlicher Kraft durch den Wald.
Ropet ljöd fortfarande genom skogen med spöklik kraft.
Der Anruf erfüllte Buck mit Sehnsucht und einem rastlosen Gefühl der Freude.
Samtalet fyllde Buck med längtan och en rastlös känsla av glädje.
Er spürte seltsame Triebe und Regungen, die er nicht benennen konnte.
Han kände märkliga drifter och impulser som han inte kunde namnge.
Manchmal folgte er dem Ruf tief in die Stille des Waldes.
Ibland följde han kallelsen djupt in i den tysta skogen.
Er suchte nach dem Ruf und bellte dabei leise oder scharf.
Han sökte efter ropet och skällde mjukt eller skarpt allt eftersom han gick.
Er roch am Moos und der schwarzen Erde, wo die Gräser wuchsen.
Han luktade på mossan och den svarta jorden där gräset växte.
Er schnaubte entzückt über den reichen Geruch der tiefen Erde.
Han fnös av förtjusning åt de rika dofterna från den djupa jorden.
Er hockte stundenlang hinter pilzbefallenen Baumstämmen.
Han hukade sig i timmar bakom stammar täckta av svamp.
Er blieb still und lauschte mit großen Augen jedem noch so kleinen Geräusch.
Han stod stilla och lyssnade med stora ögon på varje litet ljud.
Vielleicht hoffte er, das Wesen, das den Ruf auslöste, zu überraschen.
Han kanske hoppades kunna överraska den sak som ringde.
Er wusste nicht, warum er so handelte – er tat es einfach.

Han visste inte varför han agerade så här – han bara gjorde det.
Die Triebe kamen aus der Tiefe, jenseits von Denken und Vernunft.
Driften kom djupt inifrån, bortom tanke eller förnuft.
Unwiderstehliche Triebe überkamen Buck ohne Vorwarnung oder Grund.
Oemotståndliga drifter grep tag i Buck utan förvarning eller anledning.
Manchmal döste er träge im Lager in der Mittagshitze.
Ibland slumrade han lojt i lägret i middagsvärmen.
Plötzlich hob er den Kopf und stellte aufmerksam die Ohren auf.
Plötsligt lyftes hans huvud och hans öron skjuter i höjden.
Dann sprang er auf und stürmte ohne Pause in die Wildnis.
Sedan sprang han upp och rusade ut i vildmarken utan att stanna.
Er rannte stundenlang durch Waldwege und offene Flächen.
Han sprang i timmar genom skogsstigar och öppna ytor.
Er liebte es, trockenen Bachläufen zu folgen und Vögel in den Bäumen zu beobachten.
Han älskade att följa torra bäckfåror och spionera på fåglar i träden.
Er könnte den ganzen Tag versteckt liegen und den Rebhühnern beim Herumstolzieren zusehen.
Han kunde ligga gömd hela dagen och titta på rapphöns som spatserade omkring.
Sie trommelten und marschierten, ohne Bucks Anwesenheit zu bemerken.
De trummade och marscherade, omedvetna om Bucks stilla närvaro.
Doch am meisten liebte er das Laufen in der Sommerdämmerung.
Men det han älskade mest var att springa i skymningen på sommaren.
Das schwache Licht und die schläfrigen Waldgeräusche erfüllten ihn mit Freude.

Det svaga ljuset och de sömniga skogsljuden fyllde honom med glädje.
Er las die Zeichen des Waldes so deutlich, wie ein Mann ein Buch liest.
Han läste skogens tecken lika tydligt som en man läser en bok.
Und er suchte immer nach dem seltsamen Ding, das ihn rief.
Och han sökte alltid efter den märkliga saken som kallade på honom.
Dieser Ruf hörte nie auf – er erreichte ihn im Wachzustand und im Schlaf.
Den kallelsen upphörde aldrig – den nådde honom vaken eller sovande.

Eines Nachts erwachte er mit einem Ruck, die Augen waren scharf und die Ohren gespitzt.
En natt vaknade han ryckte till, med skarpa ögon och höga öron.
Seine Nasenlöcher zuckten, während seine Mähne in Wellen sträubte.
Hans näsborrar ryckte till medan hans man stod borstig i vågor.
Aus der Tiefe des Waldes ertönte erneut der alte Ruf.
Från djupet av skogen kom ljudet igen, det gamla ropet.
Diesmal war der Ton klar und deutlich zu hören, ein langes, eindringliches, vertrautes Heulen.
Den här gången ljöd ljudet tydligt, ett långt, spöklikt, bekant ylande.
Es klang wie der Schrei eines Huskys, aber mit einem seltsamen und wilden Ton.
Det var som en huskys rop, men konstigt och vilt i tonen.
Buck erkannte das Geräusch sofort – er hatte das genaue Geräusch vor langer Zeit gehört.
Buck kände igen ljudet genast – han hade hört exakt det ljudet för länge sedan.
Er sprang durch das Lager und verschwand schnell im Wald.
Han hoppade genom lägret och försvann snabbt in i skogen.

Als er sich dem Geräusch näherte, wurde er langsamer und bewegte sich vorsichtig.
När han närmade sig ljudet saktade han ner och rörde sig försiktigt.
Bald erreichte er eine Lichtung zwischen dichten Kiefern.
Snart nådde han en glänta mellan täta tallar.
Dort saß aufrecht auf seinen Hinterbeinen ein großer, schlanker Timberwolf.
Där, upprätt på bakbenen, satt en lång, mager skogsvarg.
Die Nase des Wolfes zeigte zum Himmel und hallte noch immer den Ruf wider.
Vargens nos pekade mot himlen, fortfarande ekande av ropet.
Buck hatte keinen Laut von sich gegeben, doch der Wolf blieb stehen und lauschte.
Buck hade inte låtit ifrån sig något ljud, ändå stannade vargen och lyssnade.
Der Wolf spürte etwas, spannte sich an und suchte die Dunkelheit ab.
Vargen kände något, spände sig och sökte i mörkret.
Buck schlich ins Blickfeld, mit gebeugtem Körper und ruhigen Füßen auf dem Boden.
Buck smög sig in i sikte, med låg kropp och fötterna tysta på marken.
Sein Schwanz war gerade, sein Körper vor Anspannung zusammengerollt.
Hans svans var rak, hans kropp spänd av spänning.
Er zeigte sowohl eine bedrohliche als auch eine Art raue Freundschaft.
Han visade både hot och ett slags rå vänskap.
Es war die vorsichtige Begrüßung, die wilde Tiere einander entgegenbrachten.
Det var den försiktiga hälsning som delas av vilda djur.
Aber der Wolf drehte sich um und floh, sobald er Buck sah.
Men vargen vände sig om och flydde så fort den såg Buck.
Buck nahm die Verfolgung auf und sprang wild um sich, begierig darauf, es einzuholen.
Buck jagade efter den, hoppade vilt, ivrig att hinna om den.

Er folgte dem Wolf in einen trockenen Bach, der durch einen Holzstau blockiert war.
Han följde vargen in i en torr bäck som var blockerad av en timmerstockning.
In die Enge getrieben, wirbelte der Wolf herum und blieb stehen.
Inträngd i ett hörn snurrade vargen om och stod fast.
Der Wolf knurrte und schnappte wie ein gefangener Husky im Kampf.
Vargen morrade och fräste som en instängd huskyhund i ett slagsmål.
Die Zähne des Wolfes klickten schnell, sein Körper strotzte vor wilder Wut.
Vargens tänder klickade snabbt, dess kropp borstade av vild ursinne.
Buck griff nicht an, sondern umkreiste den Wolf mit vorsichtiger Freundlichkeit.
Buck attackerade inte utan gick omgivande runt vargen med försiktig vänlighet.
Durch langsame, harmlose Bewegungen versuchte er, seine Flucht zu verhindern.
Han försökte hindra sin flykt med långsamma, ofarliga rörelser.
Der Wolf war vorsichtig und verängstigt – Buck war dreimal so schwer wie er.
Vargen var vaksam och rädd – Buck var tre gånger starkare än honom.
Der Kopf des Wolfes reichte kaum bis zu Bucks massiver Schulter.
Vargens huvud nådde knappt upp till Bucks massiva axel.
Der Wolf hielt Ausschau nach einer Lücke, rannte los und die Jagd begann von neuem.
Vargen spanade efter en lucka, flydde och jakten började igen.
Buck drängte ihn mehrere Male in die Enge und der Tanz wiederholte sich.
Flera gånger trängde Buck honom in i ett hörn, och dansen upprepade sig.

Der Wolf war dünn und schwach, sonst hätte Buck ihn nicht fangen können.
Vargen var mager och svag, annars kunde Buck inte ha fångat honom.
Jedes Mal, wenn Buck näher kam, wirbelte der Wolf herum und sah ihn voller Angst an.
Varje gång Buck närmade sig snurrade vargen runt och mötte honom i rädsla.
Dann rannte er bei der ersten Gelegenheit erneut in den Wald.
Sedan, vid första chansen, rusade han iväg in i skogen igen.
Aber Buck gab nicht auf und schließlich fasste der Wolf Vertrauen zu ihm.
Men Buck gav inte upp, och till slut började vargen lita på honom.
Er schnüffelte an Bucks Nase und die beiden wurden verspielt und aufmerksam.
Han snörvlade Bucks näsa, och de två blev lekfulla och vaksamma.
Sie spielten wie wilde Tiere, wild und doch schüchtern in ihrer Freude.
De lekte som vilda djur, vildsinta men blyga i sin glädje.
Nach einer Weile trabte der Wolf zielstrebig und ruhig davon.
Efter en stund travade vargen iväg med lugnt och avsiktligt.
Er machte Buck deutlich, dass er beabsichtigte, verfolgt zu werden.
Han visade tydligt Buck att han ville bli förföljd.
Sie rannten Seite an Seite durch die Dämmerung.
De sprang sida vid sida genom skymningsmörkret.
Sie folgten dem Bachbett hinauf in die felsige Schlucht.
De följde bäckfåran upp i den klippiga ravinen.
Sie überquerten eine kalte Wasserscheide, wo der Bach entsprungen war.
De korsade en kall klyfta där strömmen hade börjat.
Am gegenüberliegenden Hang fanden sie ausgedehnte Wälder und viele Bäche.

På den bortre sluttningen fann de vidsträckt skog och många bäckar.
Durch dieses weite Land rannten sie stundenlang ohne Pause.
Genom detta vidsträckta land sprang de i timmar utan att stanna.
Die Sonne stieg höher, die Luft wurde wärmer, aber sie rannten weiter.
Solen steg högre, luften blev varmare, men de sprang vidare.
Buck war voller Freude – er wusste, dass er seiner Berufung folgte.
Buck var fylld av glädje – han visste att han svarade på sitt kall.
Er rannte neben seinem Waldbruder her, näher an die Quelle des Rufs.
Han sprang bredvid sin skogsbror, närmare källan till samtalet.
Alte Gefühle kehrten zurück, stark und schwer zu ignorieren.
Gamla känslor återvände, starka och svåra att ignorera.
Dies waren die Wahrheiten hinter den Erinnerungen aus seinen Träumen.
Det här var sanningarna bakom minnena från hans drömmar.
All dies hatte er schon einmal in einer fernen, schattenhaften Welt getan.
Han hade gjort allt detta förut i en avlägsen och skuggig värld.
Jetzt tat er es wieder und rannte wild herum, während der Himmel über ihm frei war.
Nu gjorde han detta igen, och sprang vilt med den öppna himlen ovanför.
Sie hielten an einem Bach an, um aus dem kalten, fließenden Wasser zu trinken.
De stannade vid en bäck för att dricka av det kalla, strömmande vattnet.
Während er trank, erinnerte sich Buck plötzlich an John Thornton.
Medan han drack kom Buck plötsligt ihåg John Thornton.

Er saß schweigend da, hin- und hergerissen zwischen der Anziehungskraft der Loyalität und der Berufung.
Han satte sig ner i tystnad, sliten av lojalitetens och kallelsens dragningskraft.
Der Wolf trabte weiter, kam aber zurück, um Buck anzutreiben.
Vargen travade vidare, men kom tillbaka för att mana Buck framåt.
Er rümpfte die Nase und versuchte, ihn mit sanften Gesten zu beruhigen.
Han snörvlade på näsan och försökte locka honom med mjuka gester.
Aber Buck drehte sich um und machte sich auf den Rückweg.
Men Buck vände sig om och började gå tillbaka samma väg som han kommit.
Der Wolf lief lange Zeit neben ihm her und winselte leise.
Vargen sprang bredvid honom en lång stund och gnällde tyst.
Dann setzte er sich hin, hob die Nase und stieß ein langes Heulen aus.
Sedan satte han sig ner, höjde på näsan och släppte ut ett långt ylande.
Es war ein trauriger Schrei, der leiser wurde, als Buck wegging.
Det var ett sorgset skrik som mjuknade när Buck gick därifrån.
Buck lauschte, als der Schrei langsam in der Stille des Waldes verklang.
Buck lyssnade medan ljudet av ropet långsamt försvann in i skogens tystnad.
John Thornton aß gerade zu Abend, als Buck ins Lager stürmte.
John Thornton åt middag när Buck stormade in i lägret.
Buck sprang wild auf ihn zu, leckte, biss und warf ihn um.
Buck hoppade vilt på honom, slickade, bet och fällde honom.
Er warf ihn um, kletterte darauf und küsste sein Gesicht.
Han välte honom, klättrade upp på honom och kysste honom i ansiktet.

Thornton nannte dies liebevoll „den allgemeinen Narren spielen".
Thornton kallade detta att "spela den allmänna dåren" med tillgivenhet.
Die ganze Zeit verfluchte er Buck sanft und schüttelte ihn hin und her.
Hela tiden förbannade han Buck milt och skakade honom fram och tillbaka.
Zwei ganze Tage und Nächte lang verließ Buck das Lager kein einziges Mal.
I två hela dagar och nätter lämnade Buck inte lägret en enda gång.
Er blieb in Thorntons Nähe und ließ ihn nie aus den Augen.
Han höll sig nära Thornton och släppte honom aldrig ur sikte.
Er folgte ihm bei der Arbeit und beobachtete ihn beim Essen.
Han följde honom medan han arbetade och iakttog honom medan han åt.
Er begleitete Thornton abends in seine Decken und jeden Morgen wieder heraus.
Han såg Thornton ligga nere i sina filtar på natten och vara ute varje morgon.
Doch bald kehrte der Ruf des Waldes zurück, lauter als je zuvor.
Men snart återvände skogens rop, högre än någonsin förr.
Buck wurde wieder unruhig, aufgewühlt von Gedanken an den wilden Wolf.
Buck blev rastlös igen, upprörd av tankar på den vilda vargen.
Er erinnerte sich an das offene Land und daran, wie sie Seite an Seite gelaufen waren.
Han mindes det öppna landskapet och att de sprang sida vid sida.
Er begann erneut, allein und wachsam in den Wald zu wandern.
Han började vandra in i skogen igen, ensam och vaken.
Aber der wilde Bruder kam nicht zurück und das Heulen war nicht zu hören.

Men den vilde brodern återvände inte, och ylandet hördes inte.
Buck begann, draußen zu schlafen und blieb tagelang weg.
Buck började sova utomhus och höll sig borta i flera dagar i sträck.
Einmal überquerte er die hohe Wasserscheide, wo der Bach entsprungen war.
En gång korsade han den höga klyftan där bäcken hade börjat.
Er betrat das Land des dunklen Waldes und der breiten, fließenden Ströme.
Han kom in i det mörka skogslandet och de vida, strömmande bäckarna.
Eine Woche lang streifte er umher und suchte nach Spuren seines wilden Bruders.
I en vecka vandrade han omkring och letade efter tecken på den vilde brodern.
Er tötete sein eigenes Fleisch und reiste mit langen, unermüdlichen Schritten.
Han dödade sitt eget kött och färdades med långa, outtröttliga steg.
Er fischte in einem breiten Fluss, der bis ins Meer reichte, nach Lachs.
Han fiskade lax i en bred älv som nådde havet.
Dort kämpfte er gegen einen von Insekten verrückt gewordenen Schwarzbären und tötete ihn.
Där kämpade han mot och dödade en svartbjörn som var galen av insekter.
Der Bär war beim Angeln und rannte blind durch die Bäume.
Björnen hade fiskat och sprang i blindo genom träden.
Der Kampf war erbittert und weckte Bucks tiefen Kampfgeist.
Striden var hård och väckte Bucks djupa kampanda.
Als Buck zwei Tage später zurückkam, fand er Vielfraße an seiner Beute vor.
Två dagar senare återvände Buck och fann järvar vid sitt byte.

Ein Dutzend von ihnen stritten sich lautstark und wütend um das Fleisch.
Ett dussin av dem grälade om köttet i högljudd ursinne.
Buck griff an und zerstreute sie wie Blätter im Wind.
Buck anföll och spred dem som löv i vinden.
Zwei Wölfe blieben zurück – still, leblos und für immer regungslos.
Två vargar blev kvar – tysta, livlösa och orörliga för evigt.
Der Blutdurst wurde stärker denn je.
Blodstörsten blev starkare än någonsin.
Buck war ein Jäger, ein Killer, der sich von Lebewesen ernährte.
Buck var en jägare, en mördare, som livnärde sig på levande varelser.
Er überlebte allein und verließ sich auf seine Kraft und seine scharfen Sinne.
Han överlevde ensam, förlitande på sin styrka och sina skarpa sinnen.
Er gedieh in der Wildnis, wo nur die Zähesten überleben konnten.
Han trivdes i det vilda, där bara de tuffaste fick leva.
Daraus erwuchs ein großer Stolz, der Bucks ganzes Wesen erfüllte.
Ur detta steg en stor stolthet upp och fyllde hela Bucks varelse.
Sein Stolz war in jedem seiner Schritte und in der Anspannung jedes einzelnen Muskels zu erkennen.
Hans stolthet syntes i varje steg, i varje muskels krusning.
Sein Stolz war so deutlich wie seine Sprache und spiegelte sich in seiner Haltung wider.
Hans stolthet var lika tydlig som tal, vilket syntes i hur han bar sig.
Sogar sein dickes Fell sah majestätischer aus und glänzte heller.
Till och med hans tjocka päls såg majestätiskare ut och glänste starkare.

Man hätte Buck mit einem riesigen Timberwolf verwechseln können.
Buck kunde ha misstagits för en gigantisk skogsvarg.
Außer dem Braun an seiner Schnauze und den Flecken über seinen Augen.
Förutom brunt på nosen och fläckar ovanför ögonen.
Und der weiße Fellstreifen, der mitten auf seiner Brust verlief.
Och den vita pälsstrimman som löpte ner längs mitten av hans bröst.
Er war sogar größer als der größte Wolf dieser wilden Rasse.
Han var till och med större än den största vargen av den vildsint rasen.
Sein Vater, ein Bernhardiner, verlieh ihm Größe und einen schweren Körperbau.
Hans far, en sankt bernhardshund, gav honom storlek och kraftig kroppsbyggnad.
Seine Mutter, eine Schäferin, formte diesen Körper zu einer wolfsähnlichen Gestalt.
Hans mor, en herde, formade den där massan till en vargliknande skepnad.
Er hatte die lange Schnauze eines Wolfes, war allerdings schwerer und breiter.
Han hade en vargs långa nosparti, fast tyngre och bredare.
Sein Kopf war der eines Wolfes, aber von massiver, majestätischer Gestalt.
Hans huvud var en vargs, men byggt i en massiv, majestätisk skala.
Bucks List war die List des Wolfes und der Wildnis.
Bucks slughet var vargens och vildmarkens slughet.
Seine Intelligenz hat er sowohl vom Deutschen Schäferhund als auch vom Bernhardiner.
Hans intelligens kom från både schäfern och sankt bernhard.
All dies und harte Erfahrungen machten ihn zu einer furchterregenden Kreatur.
Allt detta, plus hårda erfarenheter, gjorde honom till en fruktad varelse.

Er war so furchterregend wie jedes andere Tier, das in der Wildnis des Nordens umherstreifte.
Han var lika formidabel som alla andra bestar som strövade omkring i den norra vildmarken.
Buck ernährte sich ausschließlich von Fleisch und erreichte den Höhepunkt seiner Kraft.
Buck levde enbart på kött och nådde sin fulla topp.
Jede Faser seines Körpers strotzte vor Kraft und männlicher Stärke.
Han flödade över av kraft och manlig kraft i varje fiber av honom.
Als Thornton seinen Rücken streichelte, funkelten seine Haare vor Energie.
När Thornton strök honom över ryggen glittrade hårstråna av energi.
Jedes Haar knisterte, aufgeladen durch die Berührung lebendigen Magnetismus.
Varje hårstrå knastrade, laddat med en levande magnetism.
Sein Körper und sein Gehirn waren auf die höchstmögliche Tonhöhe eingestellt.
Hans kropp och hjärna var inställda på finaste möjliga tonhöjd.
Jeder Nerv, jede Faser und jeder Muskel arbeitete in perfekter Harmonie.
Varje nerv, fiber och muskel fungerade i perfekt harmoni.
Auf jedes Geräusch oder jeden Anblick, der eine Aktion erforderte, reagierte er sofort.
På varje ljud eller syn som krävde åtgärd reagerade han omedelbart.
Wenn ein Husky zum Angriff ansetzte, konnte Buck doppelt so schnell springen.
Om en husky hoppade för att attackera, kunde Buck hoppa dubbelt så snabbt.
Er reagierte schneller, als andere es sehen oder hören konnten.
Han reagerade snabbare än andra ens kunde se eller höra.

Wahrnehmung, Entscheidung und Handlung erfolgten alle in einem fließenden Moment.
Uppfattning, beslut och handling kom allt i ett flytande ögonblick.
Tatsächlich geschahen diese Handlungen getrennt voneinander, aber zu schnell, um es zu bemerken.
I själva verket var dessa handlingar separata, men för snabba för att märkas.
Die Abstände zwischen diesen Akten waren so kurz, dass sie wie ein einziger Akt wirkten.
Så korta var mellanrummen mellan dessa handlingar att de verkade som en enda.
Seine Muskeln und sein Körper waren wie straff gespannte Federn.
Hans muskler och varelse var som hårt spiralformade fjädrar.
Sein Körper strotzte vor Leben, wild und freudig in seiner Kraft.
Hans kropp böljade av liv, vild och glädjefylld i sin kraft.
Manchmal hatte er das Gefühl, als würde die Kraft völlig aus ihm herausbrechen.
Ibland kändes det som om kraften skulle bryta ur honom helt.
„So einen Hund hat es noch nie gegeben", sagte Thornton eines ruhigen Tages.
"Det har aldrig funnits en sådan hund", sa Thornton en lugn dag.
Die Partner sahen zu, wie Buck stolz aus dem Lager schritt.
Partnerna såg Buck stolt komma ut ur lägret.
„Als er erschaffen wurde, veränderte er, was ein Hund sein kann", sagte Pete.
"När han blev skapad förändrade han vad en hund kan vara", sa Pete.
„Bei Gott! Das glaube ich auch", stimmte Hans schnell zu.
"Vid Jesus! Jag tror det själv", höll Hans snabbt med.
Sie sahen ihn abmarschieren, aber nicht die Veränderung, die danach kam.
De såg honom marschera iväg, men inte förändringen som kom efteråt.

Sobald er den Wald betrat, verwandelte sich Buck völlig.
Så fort han kom in i skogen förvandlades Buck fullständigt.
Er marschierte nicht mehr, sondern bewegte sich wie ein wilder Geist zwischen den Bäumen.
Han marscherade inte längre, utan rörde sig som ett vilt spöke bland träden.
Er wurde still, katzenpfotenartig, ein Flackern, das durch die Schatten huschte.
Han blev tyst, kattfotad, en flimmer som for genom skuggorna.
Er nutzte die Deckung geschickt und kroch wie eine Schlange auf dem Bauch.
Han täckte sig skickligt och kröp på magen som en orm.
Und wie eine Schlange konnte er lautlos nach vorne springen und zuschlagen.
Och likt en orm kunde han hoppa fram och slå till i tystnad.
Er könnte ein Schneehuhn direkt aus seinem versteckten Nest stehlen.
Han kunde stjäla en ripa direkt från dess gömda bo.
Er tötete schlafende Kaninchen, ohne ein einziges Geräusch zu machen.
Han dödade sovande kaniner utan ett enda ljud.
Er konnte Streifenhörnchen mitten in der Luft fangen, wenn sie zu langsam flohen.
Han kunde fånga jordekorrar mitt i luften eftersom de flydde för långsamt.
Selbst Fische in Teichen konnten seinen plötzlichen Angriffen nicht entkommen.
Inte ens fiskar i pölar kunde undkomma hans plötsliga hugg.
Nicht einmal schlaue Biber, die Dämme reparierten, waren vor ihm sicher.
Inte ens smarta bävrar som lagade dammar var säkra för honom.
Er tötete, um Nahrung zu bekommen, nicht zum Spaß – aber seine eigene Beute gefiel ihm am besten.
Han dödade för mat, inte för skojs skull – men gillade sina egna mord mest.

Dennoch war bei manchen seiner stillen Jagden ein hintergründiger Humor spürbar.
Ändå genomsyrades en lömsk humor av några av hans tysta jakter.
Er schlich sich dicht an Eichhörnchen heran, ließ sie aber dann entkommen.
Han kröp nära ekorrarna, bara för att låta dem fly.
Sie wollten in die Bäume fliehen und schnatterten voller Angst und Empörung.
De skulle fly till träden, pladdrande av skräckslagen upprördhet.
Mit dem Herbst kamen immer mehr Elche.
När hösten kom började älgar dyka upp i större antal.
Sie zogen langsam in die tiefer gelegenen Täler, um dem Winter entgegenzukommen.
De rörde sig långsamt in i de låga dalarna för att möta vintern.
Buck hatte bereits ein junges, streunendes Kalb erlegt.
Buck hade redan fällt en ung, vilsekommen kalv.
Doch er sehnte sich danach, einer größeren, gefährlicheren Beute gegenüberzutreten.
Men han längtade efter att möta större, farligare byte.
Eines Tages fand er an der Wasserscheide, an der Quelle des Baches, seine Chance.
En dag vid skiljevägen, vid bäckens mynning, fann han sin chans.
Eine Herde von zwanzig Elchen war aus bewaldeten Gebieten herübergekommen.
En flock på tjugo älgar hade korsat från skogsmarker.
Unter ihnen war ein mächtiger Stier, der Anführer der Gruppe.
Bland dem fanns en mäktig tjur; gruppens ledare.
Der Bulle war über ein Meter achtzig Meter groß und sah grimmig und wild aus.
Tjuren var över två meter hög och såg vild och stark ut.
Er warf sein breites Geweih hin und her, dessen vierzehn Enden sich nach außen verzweigten.

Han slängde sina breda horn, fjorton spetsar förgrenade sig utåt.
Die Spitzen dieser Geweihe hatten einen Durchmesser von sieben Fuß.
Spetsarna på dessa horn sträckte sig två och en halv meter breda.
Seine kleinen Augen brannten vor Wut, als er Buck in der Nähe entdeckte.
Hans små ögon brann av ilska när han fick syn på Buck i närheten.
Er stieß ein wütendes Brüllen aus und zitterte vor Wut und Schmerz.
Han släppte ifrån sig ett ursinnigt vrål, darrande av ilska och smärta.
Nahe seiner Flanke ragte eine gefiederte und scharfe Pfeilspitze hervor.
En pilspets stack ut nära hans flank, befjädrad och vass.
Diese Wunde trug dazu bei, seine wilde, verbitterte Stimmung zu erklären.
Detta sår bidrog till att förklara hans vilda, bittra humör.
Buck, geleitet von seinem uralten Jagdinstinkt, machte seinen Zug.
Buck, vägledd av uråldrig jaktinstinkt, gjorde sitt ryck.
Sein Ziel war es, den Bullen vom Rest der Herde zu trennen.
Han siktade på att separera tjuren från resten av flocken.
Dies war keine leichte Aufgabe – es erforderte Schnelligkeit und messerscharfe List.
Detta var ingen lätt uppgift – det krävdes snabbhet och skarp list.
Er bellte und tanzte in der Nähe des Stiers, gerade außerhalb seiner Reichweite.
Han skällde och dansade nära tjuren, precis utom räckhåll.
Der Elch stürzte sich mit riesigen Hufen und tödlichem Geweih auf ihn.
Älgen gjorde utfall med enorma hovar och dödliga horn.
Ein Schlag hätte Bucks Leben im Handumdrehen beenden können.

Ett enda slag kunde ha avslutat Bucks liv på ett ögonblick.
Der Stier konnte die Bedrohung nicht hinter sich lassen und wurde wütend.
Oförmögen att lämna hotet bakom sig blev tjuren galen.
Er stürmte wütend auf ihn zu, doch Buck entkam ihm jedes Mal.
Han anföll i raseri, men Buck smet alltid undan.
Buck täuschte Schwäche vor und lockte ihn weiter von der Herde weg.
Buck fejkade svaghet och lockade honom längre bort från flocken.
Doch die jungen Bullen wollten zurückstürmen, um den Anführer zu beschützen.
Men unga tjurar skulle storma tillbaka för att skydda ledaren.
Sie zwangen Buck zum Rückzug und den Bullen, sich wieder der Gruppe anzuschließen.
De tvingade Buck att retirera och tjuren att återförenas med gruppen.
In der Wildnis herrscht eine tiefe und unaufhaltsame Geduld.
Det finns ett tålamod i det vilda, djupt och ostoppbart.
Eine Spinne wartet unzählige Stunden bewegungslos in ihrem Netz.
En spindel väntar orörlig i sitt nät i otaliga timmar.
Eine Schlange rollt sich ohne zu zucken zusammen und wartet, bis es Zeit ist.
En orm slingrar sig utan att rycka och väntar tills det är dags.
Ein Panther liegt auf der Lauer, bis der Moment gekommen ist.
En panter ligger i bakhåll, tills ögonblicket är inne.
Dies ist die Geduld von Raubtieren, die jagen, um zu überleben.
Detta är tålamodet hos rovdjur som jagar för att överleva.
Dieselbe Geduld brannte in Buck, als er in seiner Nähe blieb.
Samma tålamod brann inom Buck medan han höll sig nära.

Er blieb in der Nähe der Herde, verlangsamte ihren Marsch und schürte Angst.
Han höll sig nära flocken, saktade ner dess marsch och väckte skräck.
Er ärgerte die jungen Bullen und schikanierte die Mutterkühe.
Han retade de unga tjurarna och trakasserade moderkorna.
Er trieb den verwundeten Stier in eine noch tiefere, hilflose Wut.
Han drev den sårade tjuren in i ett djupare, hjälplöst raseri.
Einen halben Tag lang zog sich der Kampf ohne Pause hin.
I en halv dag drog kampen ut utan någon som helst vila.
Buck griff aus jedem Winkel an, schnell und wild wie der Wind.
Buck anföll från alla håll, snabbt och våldsamt som vinden.
Er hinderte den Stier daran, sich auszuruhen oder sich bei seiner Herde zu verstecken.
Han hindrade tjuren från att vila eller gömma sig med sin hjord.
Buck zermürbte den Willen des Elchs schneller als seinen Körper.
Bock tärde ut älgens vilja snabbare än dess kropp.
Der Tag verging und die Sonne sank tief am nordwestlichen Himmel.
Dagen gick och solen sjönk lågt på den nordvästra himlen.
Die jungen Bullen kehrten langsamer zurück, um ihrem Anführer zu helfen.
De unga tjurarna återvände långsammare för att hjälpa sin ledare.
Die Herbstnächte waren zurückgekehrt und die Dunkelheit dauerte nun sechs Stunden.
Höstnätterna hade återvänt, och mörkret varade nu i sex timmar.
Der Winter drängte sie bergab in sicherere, wärmere Täler.
Vintern pressade dem utför till säkrare, varmare dalar.
Aber sie konnten dem Jäger, der sie zurückhielt, immer noch nicht entkommen.

Men de kunde ändå inte undkomma jägaren som höll dem tillbaka.
Es stand nur ein Leben auf dem Spiel – nicht das der Herde, sondern nur das ihres Anführers.
Bara ett liv stod på spel – inte flockens, bara deras ledares.
Dadurch wurde die Bedrohung in weite Ferne gerückt und ihre dringende Sorge wurde aufgehoben.
Det gjorde hotet avlägset och inte deras akuta angelägenhet.
Mit der Zeit akzeptierten sie diesen Preis und überließen Buck die Übernahme des alten Bullen.
Med tiden accepterade de denna kostnad och lät Buck ta den gamla tjuren.
Als die Dämmerung hereinbrach, stand der alte Bulle mit gesenktem Kopf da.
När skymningen föll stod den gamle tjuren med huvudet nedåt.
Er sah zu, wie die Herde, die er geführt hatte, im schwindenden Licht verschwand.
Han såg hjorden han hade lett försvinna in i det bleknande ljuset.
Es gab Kühe, die er gekannt hatte, Kälber, deren Vater er einst gewesen war.
Det fanns kor han hade känt, kalvar han en gång hade fått.
Es gab jüngere Bullen, gegen die er in vergangenen Saisons gekämpft und die er beherrscht hatte.
Det fanns yngre tjurar som han hade kämpat mot och regerat under tidigare säsonger.
Er konnte ihnen nicht folgen, denn vor ihm kauerte Buck wieder.
Han kunde inte följa dem – ty framför honom hukade sig Buck återigen.
Der gnadenlose Schrecken mit den Reißzähnen versperrte ihm jeden Weg.
Den skoningslösa, huggna skräcken blockerade varje väg han kunde ta.
Der Bulle brachte mehr als drei Zentner geballte Kraft auf die Waage.

Tjuren vägde mer än tre hundra vikt tät kraft.
Er hatte ein langes Leben geführt und in einer Welt voller Kämpfe hart gekämpft.
Han hade levt länge och kämpat hårt i en värld av kamp.
Doch nun, am Ende, kam der Tod von einem Tier, das weit unter ihm stand.
Ändå, nu, till slut, kom döden från ett odjur långt under honom.
Bucks Kopf erreichte nicht einmal die riesigen, mit Knöcheln besetzten Knie des Bullen.
Bucks huvud nådde inte ens tjurens väldiga, knogiga knän.
Von diesem Moment an blieb Buck Tag und Nacht bei dem Bullen.
Från det ögonblicket stannade Buck hos tjuren natt och dag.
Er gönnte ihm keine Ruhe, erlaubte ihm nie zu grasen oder zu trinken.
Han gav honom aldrig vila, tillät honom aldrig att beta eller dricka.
Der Stier versuchte, junge Birkentriebe und Weidenblätter zu fressen.
Tjuren försökte äta unga björkskott och pilblad.
Aber Buck verjagte ihn, immer wachsam und immer angreifend.
Men Buck drev bort honom, alltid vaken och alltid anfallande.
Sogar an plätschernden Bächen blockte Buck jeden durstigen Versuch ab.
Även vid porlande bäckar blockerade Buck varjé törstigt försök.
Manchmal floh der Stier aus Verzweiflung mit voller Geschwindigkeit.
Ibland, i desperation, flydde tjuren i full fart.
Buck ließ ihn laufen und lief ruhig direkt hinter ihm her, nie weit entfernt.
Buck lät honom springa, lugnt hopande strax bakom, aldrig långt borta.
Als der Elch innehielt, legte sich Buck hin, blieb aber bereit.
När älgen stannade lade sig Buck ner, men förblev redo.

Wenn der Bulle versuchte zu fressen oder zu trinken, schlug Buck mit voller Wut zu.
Om tjuren försökte äta eller dricka, slog Buck till med full ilska.
Der große Kopf des Stiers sank tiefer unter sein gewaltiges Geweih.
Tjurens stora huvud sänktes lägre under dess väldiga horn.
Sein Tempo verlangsamte sich, der Trab wurde schwerfällig, ein stolpernder Schritt.
Hans tempo saktade ner, travet blev tungt; en stapplande skritt.
Er stand oft still mit hängenden Ohren und der Nase am Boden.
Han stod ofta stilla med hängande öron och nosen mot marken.
In diesen Momenten nahm sich Buck Zeit zum Trinken und Ausruhen.
Under dessa stunder tog Buck sig tid att dricka och vila.
Mit heraushängender Zunge und starrem Blick spürte Buck, wie sich das Land veränderte.
Med tungan utsträckt, ögonen fästa, kände Buck att landet förändrades.
Er spürte, wie sich etwas Neues durch den Wald und den Himmel bewegte.
Han kände något nytt röra sig genom skogen och himlen.
Mit der Rückkehr der Elche kehrten auch andere Wildtiere zurück.
När älgarna återvände, gjorde även andra vilda varelser det.
Das Land fühlte sich lebendig an, mit einer Präsenz, die man nicht sieht, aber deutlich wahrnimmt.
Landet kändes levande med närvaro, osynligt men starkt känt.
Buck wusste dies weder am Geräusch, noch am Anblick oder am Geruch.
Det var varken genom ljud, syn eller doft som Buck visste detta.
Ein tieferes Gefühl sagte ihm, dass neue Kräfte im Gange waren.

En djupare känsla sade honom att nya krafter var i rörelse.
In den Wäldern und entlang der Bäche herrschte seltsames Leben.
Märkligt liv rörde sig genom skogarna och längs bäckarna.
Er beschloss, diesen Geist zu erforschen, nachdem die Jagd beendet war.
Han bestämde sig för att utforska denna ande, efter att jakten var avslutad.
Am vierten Tag erlegte Buck endlich den Elch.
På den fjärde dagen fällde Buck äntligen älgen.
Er blieb einen ganzen Tag und eine ganze Nacht bei der Beute, fraß und ruhte sich aus.
Han stannade vid bytet en hel dag och natt, åt och vilade.
Er aß, schlief dann und aß dann wieder, bis er stark und satt war.
Han åt, sedan sov han, sedan åt han igen, tills han var stark och mätt.
Als er fertig war, kehrte er zum Lager und nach Thornton zurück.
När han var redo vände han sig tillbaka mot lägret och Thornton.
Mit gleichmäßigem Tempo begann er die lange Heimreise.
Med jämn takt påbörjade han den långa hemresan.
Er rannte in seinem unermüdlichen Galopp Stunde um Stunde, ohne auch nur ein einziges Mal vom Weg abzukommen.
Han sprang i sitt outtröttliga lopp, timme efter timme, utan att någonsin avvika.
Durch unbekannte Länder bewegte er sich schnurgerade wie eine Kompassnadel.
Genom okända länder rörde han sig rakt som en kompassnål.
Sein Orientierungssinn ließ Mensch und Karte im Vergleich schwach erscheinen.
Hans riktningssinne fick människan och kartan att verka svaga i jämförelse.
Während Buck rannte, spürte er die Bewegung in der Wildnis stärker.

Medan Buck sprang, kände han starkare av uppståndelsen i det vilda landskapet.
Es war eine neue Art zu leben, anders als in den ruhigen Sommermonaten.
Det var ett nytt slags liv, till skillnad från de lugna sommarmånaderna.
Dieses Gefühl kam nicht länger als subtile oder entfernte Botschaft.
Denna känsla kom inte längre som ett subtilt eller avlägset budskap.
Nun sprachen die Vögel von diesem Leben und Eichhörnchen plapperten darüber.
Nu talade fåglarna om detta liv, och ekorrarna pladdrade om det.
Sogar die Brise flüsterte Warnungen durch die stillen Bäume.
Till och med brisen viskade varningar genom de tysta träden.
Mehrmals blieb er stehen und schnupperte die frische Morgenluft.
Flera gånger stannade han och sniffade i den friska morgonluften.
Dort las er eine Nachricht, die ihn schneller nach vorne springen ließ.
Han läste ett meddelande där som fick honom att hoppa framåt snabbare.
Ein starkes Gefühl der Gefahr erfüllte ihn, als wäre etwas schiefgelaufen.
En stark känsla av fara fyllde honom, som om något hade gått fel.
Er befürchtete, dass ein Unglück bevorstünde – oder bereits eingetreten war.
Han befarade att olyckan var på väg – eller redan hade kommit.
Er überquerte den letzten Bergrücken und betrat das darunterliegende Tal.
Han korsade den sista bergskammen och kom in i dalen nedanför.

Er bewegte sich langsamer und war bei jedem Schritt aufmerksamer und vorsichtiger.
Han rörde sig långsammare, vaksam och försiktig med varje steg.
Drei Meilen weiter fand er eine frische Spur, die ihn erstarren ließ.
Tre mil bort hittade han ett nytt spår som fick honom att stelna till.
Die Haare in seinem Nacken stellten sich auf und sträubten sich vor Schreck.
Håret längs hans hals krusade och borstade av oro.
Die Spur führte direkt zum Lager, wo Thornton wartete.
Stigen ledde rakt mot lägret där Thornton väntade.
Buck bewegte sich jetzt schneller, seine Schritte waren lautlos und schnell zugleich.
Buck rörde sig snabbare nu, hans steg både tysta och snabba.
Seine Nerven lagen blank, als er Zeichen las, die andere übersehen würden.
Hans nerver spändes när han läste tecken som andra skulle missa.
Jedes Detail der Spur erzählte eine Geschichte – außer dem letzten Stück.
Varje detalj i leden berättade en historia – förutom den sista biten.
Seine Nase erzählte ihm von dem Leben, das hier vorbeigezogen war.
Hans näsa berättade honom om livet som hade passerat på detta sätt.
Der Duft vermittelte ihm ein wechselndes Bild, als er dicht hinter ihm folgte.
Doften gav honom en växlande bild när han följde tätt efter.
Doch im Wald selbst war es still geworden, unnatürlich still.
Men skogen själv hade blivit tyst; onaturligt stilla.
Die Vögel waren verschwunden, die Eichhörnchen hatten sich versteckt, waren still und ruhig.
Fåglar hade försvunnit, ekorrar var gömda, tysta och stilla.

Er sah nur ein einziges Grauhörnchen, das flach auf einem toten Baum lag.
Han såg bara en grå ekorre, platt på ett dött träd.
Das Eichhörnchen fügte sich steif und reglos in den Wald ein.
Ekorren smälte in i gruppen, stel och orörlig som en del av skogen.
Buck bewegte sich wie ein Schatten, lautlos und sicher durch die Bäume.
Buck rörde sig som en skugga, tyst och säker genom träden.
Seine Nase zuckte zur Seite, als würde sie von einer unsichtbaren Hand gezogen.
Hans näsa ryckte åt sidan som om den drogs av en osynlig hand.
Er drehte sich um und folgte der neuen Spur tief in ein Dickicht hinein.
Han vände sig om och följde den nya doften djupt in i ett snår.
Dort fand er Nig tot daliegend, von einem Pfeil durchbohrt.
Där fann han Nig, liggande död, genomborrad av en pil.
Der Schaft durchdrang seinen Körper, die Federn waren noch zu sehen.
Skaftet gick rakt genom hans kropp, fjädrarna syntes fortfarande.
Nig hatte sich dorthin geschleppt, war jedoch gestorben, bevor er Hilfe erreichen konnte.
Nig hade släpat sig dit, men dog innan han nådde fram till hjälp.
Hundert Meter weiter fand Buck einen weiteren Schlittenhund.
Hundra meter längre fram hittade Buck en annan slädhund.
Es war ein Hund, den Thornton in Dawson City gekauft hatte.
Det var en hund som Thornton hade köpt hemma i Dawson City.
Der Hund befand sich in einem tödlichen Kampf und schlug heftig auf dem Weg um sich.
Hunden var i en dödskamp och sprattlade hårt på stigen.

Buck ging um ihn herum, blieb nicht stehen und richtete den Blick nach vorne.
Buck gick förbi honom utan att stanna, med blicken fäst framåt.
Aus Richtung des Lagers ertönte in der Ferne ein rhythmischer Gesang.
Från lägret kom en avlägsen, rytmisk sång.
Die Stimmen schwoll in einem seltsamen, unheimlichen Singsangton an und ab.
Röster höjdes och sjönk i en märklig, kuslig, sjungande ton.
Buck kroch schweigend zum Rand der Lichtung.
Buck kröp fram till gläntans kant i tystnad.
Dort sah er Hans mit dem Gesicht nach unten liegen, von vielen Pfeilen durchbohrt.
Där såg han Hans ligga med ansiktet nedåt, genomborrad av många pilar.
Sein Körper sah aus wie der eines Stachelschweins und war mit gefiederten Schäften bestückt.
Hans kropp såg ut som ett piggsvin, full av befjädrade skaft.
Im selben Moment blickte Buck in Richtung der zerstörten Hütte.
I samma ögonblick tittade Buck mot den förstörda stugan.
Bei diesem Anblick stellten sich ihm die Nacken- und Schulterhaare auf.
Synen fick håret att resa sig stelt på hans nacke och axlar.
Ein Sturm wilder Wut durchfuhr Bucks ganzen Körper.
En storm av vild ilska svepte genom hela Bucks kropp.
Er knurrte laut, obwohl er nicht wusste, dass er es getan hatte.
Han morrade högt, fast han inte visste att han hade gjort det.
Der Klang war rau, erfüllt von furchterregender, wilder Wut.
Ljudet var rått, fyllt av skrämmande, vild ilska.
Zum letzten Mal in seinem Leben verlor Buck den Verstand und die Gefühle.
För sista gången i sitt liv tappade Buck förståndet till förmån för känslorna.

Es war die Liebe zu John Thornton, die seine sorgfältige Kontrolle brach.
Det var kärleken till John Thornton som bröt hans noggranna kontroll.
Die Yeehats tanzten um die zerstörte Fichtenhütte.
Familjen Yeehat dansade runt den förfallna granstugan.
Dann ertönte ein Brüllen – und ein unbekanntes Tier stürmte auf sie zu.
Sedan kom ett vrål – och ett okänt odjur stormade mot dem.
Es war Buck, eine aufbrausende Furie, ein lebendiger Sturm der Rache.
Det var Buck; ett raseri i rörelse; en levande hämndstorm.
Wahnsinnig vor Tötungsdrang stürzte er sich mitten unter sie.
Han kastade sig mitt ibland dem, galen av behovet att döda.
Er sprang auf den ersten Mann, den Yeehat-Häuptling, und traf zielsicher.
Han hoppade på den förste mannen, Yeehat-hövdingen, och slog till.
Seine Kehle war aufgerissen und Blut spritzte in einem Strom.
Hans hals var uppriven och blod sprutade fram i en ström.
Buck blieb nicht stehen, sondern riss dem nächsten Mann mit einem Sprung die Kehle durch.
Buck stannade inte, utan slet av nästa mans hals med ett enda språng.
Er war nicht aufzuhalten – er riss, schlug und machte nie eine Pause, um sich auszuruhen.
Han var ostoppbar – slet sönder, högg, stannade aldrig upp för att vila.
Er schoss und sprang so schnell, dass ihre Pfeile ihn nicht treffen konnten.
Han pilade och sprang så fort att deras pilar inte kunde nå honom.
Die Yeehats waren in ihrer eigenen Panik und Verwirrung gefangen.
Familjen Yeehat var fångade i sin egen panik och förvirring.

Ihre Pfeile verfehlten Buck und trafen stattdessen einander.
Deras pilar missade Buck och träffade varandra istället.
Ein Jugendlicher warf einen Speer nach Buck und traf einen anderen Mann.
En yngling kastade ett spjut mot Buck och träffade en annan man.
Der Speer durchbohrte seine Brust und die Spitze durchbohrte seinen Rücken.
Spjutet trängde igenom hans bröst, spetsen stack ut hans rygg.
Die Yeehats wurden von Panik erfasst und zogen sich umgehend zurück.
Skräck svepte över Yeehats, och de bröt sig till full reträtt.
Sie schrien vor dem bösen Geist und flohen in die Schatten des Waldes.
De skrek efter den onda anden och flydde in i skogens skuggor.
Buck war wirklich wie ein Dämon, als er die Yeehats jagte.
Buck var sannerligen som en demon när han jagade Yeehats.
Er raste hinter ihnen durch den Wald her und erlegte sie wie Rehe.
Han rusade efter dem genom skogen och fällde dem som hjortar.
Für die verängstigten Yeehats wurde es ein Tag des Schicksals und des Terrors.
Det blev en ödets och skräckens dag för de skrämda Yeehats.
Sie zerstreuten sich über das Land und flohen in alle Richtungen.
De spreds över landet och flydde långt i alla riktningar.
Eine ganze Woche verging, bevor sich die letzten Überlebenden in einem Tal trafen.
En hel vecka gick innan de sista överlevande möttes i en dal.
Erst dann zählten sie ihre Verluste und sprachen über das Geschehene.
Först då räknade de sina förluster och talade om vad som hände.
Nachdem Buck die Jagd satt hatte, kehrte er zum zerstörten Lager zurück.

Efter att ha tröttnat på jakten återvände Buck till det förstörda lägret.

Er fand Pete, noch in seine Decken gehüllt, getötet beim ersten Angriff.

Han hittade Pete, fortfarande i sina filtar, dödad i den första attacken.

Spuren von Thorntons letztem Kampf waren im Dreck in der Nähe zu sehen.

Spår av Thorntons sista kamp fanns markerade i jorden i närheten.

Buck folgte jeder Spur und erschnüffelte jede Markierung bis zum letzten Punkt.

Buck följde varje spår och nosade på varje märke ända till en slutpunkt.

Am Rand eines tiefen Teichs fand er den treuen Skeet, der still dalag.

Vid kanten av en djup damm fann han den trogne Skeet, liggande stilla.

Skeets Kopf und Vorderpfoten lagen regungslos im Wasser, er lag tot da.

Skeets huvud och framtassar var i vattnet, orörliga i döden.

Der Teich war schlammig und durch das Abwasser aus den Schleusenkästen verunreinigt.

Poolen var lerig och befläckad av avrinning från slusslådorna.

Seine trübe Oberfläche verbarg, was darunter lag, aber Buck kannte die Wahrheit.

Dess molniga yta dolde vad som låg under, men Buck visste sanningen.

Er folgte Thorntons Spur bis in den Pool – doch die Spur führte nirgendwo anders hin.

Han följde Thorntons doft ner i dammen – men doften ledde ingen annanstans.

Es gab keinen Geruch, der hinausführte – nur die Stille des tiefen Wassers.

Det fanns ingen doft som ledde ut – bara tystnaden av djupt vatten.

Den ganzen Tag blieb Buck in der Nähe des Teichs und ging voller Trauer im Lager auf und ab.
Hela dagen stannade Buck nära dammen och gick sorgset fram och tillbaka i lägret.
Er wanderte ruhelos umher oder saß regungslos da, in tiefe Gedanken versunken.
Han vandrade rastlöst omkring eller satt stilla, försjunken i tunga tankar.
Er kannte den Tod, das Ende des Lebens, das Verschwinden aller Bewegung.
Han kände döden; livets slut; all rörelses försvinnande.
Er verstand, dass John Thornton weg war und nie wieder zurückkehren würde.
Han förstod att John Thornton var borta och aldrig skulle återvända.
Der Verlust hinterließ eine Leere in ihm, die wie Hunger pochte.
Förlusten lämnade ett tomrum inom honom som pulserade som hunger.
Doch dieser Hunger konnte durch Essen nicht gestillt werden, egal, wie viel er aß.
Men detta var en hunger som mat inte kunde stilla, oavsett hur mycket han åt.
Manchmal, wenn er die toten Yeehats ansah, ließ der Schmerz nach.
Ibland, när han tittade på de döda Yeehats, bleknade smärtan.
Und dann stieg ein seltsamer Stolz in ihm auf, wild und vollkommen.
Och sedan steg en märklig stolthet inom honom, våldsam och fullständig.
Er hatte den Menschen getötet, das höchste und gefährlichste Wild von allen.
Han hade dödat människan, det högsta och farligaste spelet av alla.
Er hatte unter Missachtung des alten Gesetzes von Keule und Reißzahn getötet.

Han hade dödat i strid med den urgamla lagen om klubba och huggtand.
Buck schnüffelte neugierig und nachdenklich an ihren leblosen Körpern.
Buck sniffade på deras livlösa kroppar, nyfiken och fundersam.
Sie waren so leicht gestorben – viel leichter als ein Husky in einem Kampf.
De hade dött så lätt – mycket lättare än en husky i ett slagsmål.
Ohne ihre Waffen waren sie weder wirklich stark noch stellten sie eine Bedrohung dar.
Utan sina vapen hade de ingen verklig styrka eller hot.
Buck würde sie nie wieder fürchten, es sei denn, sie wären bewaffnet.
Buck skulle aldrig bli rädd för dem igen, om de inte var beväpnade.
Nur wenn sie Keulen, Speere oder Pfeile trugen, war er vorsichtig.
Bara när de bar klubbor, spjut eller pilar skulle han akta sig.

Die Nacht brach herein und ein Vollmond stieg hoch über die Baumwipfel.
Natten föll, och en fullmåne steg högt över trädens toppar.
Das blasse Licht des Mondes tauchte das Land in einen sanften, geisterhaften Schein wie am Tag.
Månens bleka ljus badade landet i ett mjukt, spöklikt sken likt dag.
Als die Nacht hereinbrach, trauerte Buck noch immer am stillen Teich.
Medan natten blev djupare sörjde Buck fortfarande vid den tysta dammen.
Dann bemerkte er eine andere Regung im Wald.
Sedan blev han medveten om en annan rörelse i skogen.
Die Aufregung kam nicht von den Yeehats, sondern von etwas Älterem und Tieferem.

Uppståndelsen kom inte från Yeehats, utan från något äldre och djupare.

Er stand auf, spitzte die Ohren und prüfte vorsichtig mit der Nase die Brise.

Han reste sig upp, med öronen lyfta och näsan undersökte försiktigt vinden.

Aus der Ferne ertönte ein schwacher, scharfer Aufschrei, der die Stille durchbrach.

Fjärranifrån hördes ett svagt, skarpt skrik som genombröt tystnaden.

Dann folgte dicht auf den ersten ein Chor ähnlicher Schreie.

Sedan följde en kör av liknande rop tätt efter det första.

Das Geräusch kam näher und wurde mit jedem Augenblick lauter.

Ljudet kom närmare och blev högre för varje ögonblick som gick.

Buck kannte diesen Schrei – er kam aus dieser anderen Welt in seiner Erinnerung.

Buck kände igen det här ropet – det kom från den där andra världen i hans minne.

Er ging in die Mitte des offenen Platzes und lauschte aufmerksam.

Han gick till mitten av den öppna platsen och lyssnade uppmärksamt.

Der Ruf ertönte vielstimmig und kraftvoller denn je.

Ropet ljöd, mångnoterat och kraftfullare än någonsin.

Und jetzt war Buck mehr denn je bereit, seiner Berufung zu folgen.

Och nu, mer än någonsin tidigare, var Buck redo att svara på hans kallelse.

John Thornton war tot und hatte keine Bindung mehr an die Menschheit.

John Thornton var död, och ingen koppling till människan fanns kvar inom honom.

Der Mensch und alle menschlichen Ansprüche waren verschwunden – er war endlich frei.

Människan och alla mänskliga anspråk var borta – han var äntligen fri.
Das Wolfsrudel jagte Fleisch, wie es einst die Yeehats getan hatten.
Vargflocken jagade kött precis som Yeehats en gång gjorde.
Sie waren Elchen aus den Waldgebieten gefolgt.
De hade följt älgar ner från de skogsklädda markerna.
Nun überquerten sie, wild und hungrig nach Beute, sein Tal.
Nu, vilda och hungriga efter byte, korsade de in i hans dal.
Sie kamen auf die mondbeschienene Lichtung und flossen wie silbernes Wasser.
In i den månbelysta gläntan kom de, flödande som silverfärgat vatten.
Buck stand regungslos in der Mitte und wartete auf sie.
Buck stod stilla i mitten, orörlig och väntade på dem.
Seine ruhige, große Präsenz versetzte das Rudel in Erstaunen und ließ es kurz verstummen.
Hans lugna, stora närvaro chockade flocken till en kort tystnad.
Dann sprang der kühnste Wolf ohne zu zögern direkt auf ihn zu.
Då hoppade den djärvaste vargen rakt på honom utan att tveka.
Buck schlug schnell zu und brach dem Wolf mit einem einzigen Schlag das Genick.
Buck slog till snabbt och bröt vargens nacke i ett enda slag.
Er stand wieder regungslos da, während der sterbende Wolf sich hinter ihm wand.
Han stod orörlig igen medan den döende vargen vred sig bakom honom.
Drei weitere Wölfe griffen schnell nacheinander an.
Tre fler vargar attackerade snabbt, en efter en.
Jeder von ihnen zog sich blutend zurück, die Kehle oder die Schultern waren aufgeschlitzt.
Var och en drog sig tillbaka blödande, med uppskurna halsar eller axlar.

Das reichte aus, um das ganze Rudel zu einem wilden Angriff zu provozieren.
Det räckte för att utlösa en vild attack mot hela flocken.
Sie stürmten gemeinsam hinein, waren zu eifrig und zu dicht gedrängt, um einen guten Schlag zu erzielen.
De rusade in tillsammans, för ivriga och för trånga för att slå till ordentligt.
Dank seiner Schnelligkeit und Geschicklichkeit war Buck in der Lage, dem Angriff immer einen Schritt voraus zu sein.
Bucks snabbhet och skicklighet gjorde att han kunde ligga steget före attacken.
Er drehte sich auf seinen Hinterbeinen und schnappte und schlug in alle Richtungen.
Han snurrade runt på bakbenen, fräste och slog i alla riktningar.
Für die Wölfe schien es, als ob seine Verteidigung nie geöffnet oder ins Wanken geraten wäre.
För vargarna verkade det som om hans försvar aldrig öppnades eller vacklade.
Er drehte sich um und schlug so schnell zu, dass sie nicht hinter ihn gelangen konnten.
Han vände sig om och högg så snabbt att de inte kunde komma bakom honom.
Dennoch zwang ihn ihre Übermacht zum Nachgeben und Zurückweichen.
Ändå tvingade deras antal honom att ge mark och backa.
Er ging am Teich vorbei und hinunter in das steinige Bachbett.
Han rörde sig förbi dammen och ner i den steniga bäckfåran.
Dort stieß er auf eine steile Böschung aus Kies und Erde.
Där stötte han på en brant sluttning av grus och jord.
Er ist bei den alten Grabungen der Bergleute in einen Eckeinschnitt geraten.
Han körde in i ett hörn som skars av under gruvarbetarnas gamla grävning.
Jetzt war Buck von drei Seiten geschützt und stand nur noch dem vorderen Wolf gegenüber.

Nu, skyddad från tre sidor, stod Buck bara inför den främsta vargen.
Dort stand er in der Enge, bereit für die nächste Angriffswelle.
Där stod han i schack, redo för nästa våg av anfall.
Buck blieb so hartnäckig standhaft, dass die Wölfe zurückwichen.
Buck stod så hårt stånd att vargarna drog sig tillbaka.
Nach einer halben Stunde waren sie erschöpft und sichtlich besiegt.
Efter en halvtimme var de utmattade och synbart besegrade.
Ihre Zungen hingen heraus, ihre weißen Reißzähne glänzten im Mondlicht.
Deras tungor hängde ut, deras vita huggtänder glänste i månskenet.
Einige Wölfe legten sich mit erhobenem Kopf hin und spitzten die Ohren in Richtung Buck.
Några vargar lade sig ner med huvudet höjd och öronen spetsade mot Buck.
Andere standen still, waren wachsam und beobachteten jede seiner Bewegungen.
Andra stod stilla, vaksamma och iakttog hans varje rörelse.
Einige gingen zum Pool und schlürften kaltes Wasser.
Några gick till poolen och drack kallt vatten.
Dann schlich ein großer, schlanker grauer Wolf sanft heran.
Sedan smög en lång, mager grå varg fram på ett försiktigt sätt.
Buck erkannte ihn – es war der wilde Bruder von vorhin.
Buck kände igen honom – det var den vilde brodern från förr.
Der graue Wolf winselte leise und Buck antwortete mit einem Winseln.
Den grå vargen gnällde mjukt, och Buck svarade med ett gnäll.
Sie berührten ihre Nasen, leise und ohne Drohung oder Angst.
De rörde vid näsorna, tyst och utan hot eller rädsla.
Als nächstes kam ein älterer Wolf, hager und von vielen Kämpfen gezeichnet.

Nästa kom en äldre varg, mager och ärrad efter många strider.
Buck wollte knurren, hielt aber inne und schnüffelte an der Nase des alten Wolfes.
Buck började morra, men tystnade och sniffade på den gamle vargens nos.
Der Alte setzte sich, hob die Nase und heulte den Mond an.
Den gamle satte sig ner, höjde på nosen och ylade mot månen.
Der Rest des Rudels setzte sich und stimmte in das langgezogene Heulen ein.
Resten av flocken satte sig ner och medverkade i det långa ylandet.
Und nun ertönte der Ruf an Buck, unmissverständlich und stark.
Och nu kom kallelsen till Buck, otvetydig och stark.
Er setzte sich, hob den Kopf und heulte mit den anderen.
Han satte sig ner, lyfte huvudet och ylade med de andra.
Als das Heulen aufhörte, trat Buck aus seinem felsigen Unterschlupf.
När ylandet tog slut klev Buck ut ur sitt steniga skydd.
Das Rudel umringte ihn und beschnüffelte ihn zugleich freundlich und vorsichtig.
Flocken slöt sig om honom och nosade både vänligt och försiktigt.
Dann stießen die Anführer einen lauten Schrei aus und rannten in den Wald.
Sedan gav ledarna till ett skrik och sprang iväg in i skogen.
Die anderen Wölfe folgten und jaulten im Chor, wild und schnell in der Nacht.
De andra vargarna följde efter, skrikande i kör, vilda och snabba i natten.
Buck rannte mit ihnen, neben seinem wilden Bruder her, und heulte dabei.
Buck sprang med dem, bredvid sin vilde bror, och ylade medan han sprang.

Hier geht die Geschichte von Buck gut zu Ende.
Här gör berättelsen om Buck det bra att nå sitt slut.

In den folgenden Jahren bemerkten die Yeehats seltsame Wölfe.
Under åren som följde lade Yeehats märke till konstiga vargar.
Einige hatten braune Flecken auf Kopf und Schnauze und weiße Flecken auf der Brust.
Vissa hade brunt på huvudet och nospartiet, vitt på bröstet.
Doch noch mehr fürchteten sie sich vor einer geisterhaften Gestalt unter den Wölfen.
Men ännu mer fruktade de en spöklik figur bland vargarna.
Sie sprachen flüsternd vom Geisterhund, dem Anführer des Rudels.
De talade i viskningar om Spökhunden, flockens ledare.
Dieser Geisterhund war schlauer als der kühnste Yeehat-Jäger.
Denna Spökhund var slughete än den djärvaste Yeehat-jägaren.
Der Geisterhund stahl im tiefsten Winter aus Lagern und riss ihre Fallen auseinander.
Spökhunden stal från läger i djupvinter och slet sönder deras fällor.
Der Geisterhund tötete ihre Hunde und entkam ihren Pfeilen spurlos.
Spökhunden dödade deras hundar och undkom deras pilar spårlöst.
Sogar ihre tapfersten Krieger hatten Angst, diesem wilden Geist gegenüberzutreten.
Till och med deras modigaste krigare fruktade att möta denna vilda ande.
Nein, die Geschichte wird im Laufe der Jahre in der Wildnis immer düsterer.
Nej, berättelsen blir ännu mörkare allt eftersom åren går i det vilda.
Manche Jäger verschwinden und kehren nie in ihre entfernten Lager zurück.
Vissa jägare försvinner och återvänder aldrig till sina avlägsna läger.

Andere werden mit aufgerissener Kehle erschlagen im Schnee gefunden.
Andra hittas med uppslitna halsar, döda i snön.
Um ihren Körper herum sind Spuren – größer als sie ein Wolf hinterlassen könnte.
Runt deras kroppar finns spår – större än någon varg skulle kunna göra.
Jeden Herbst folgen die Yeehats der Spur des Elchs.
Varje höst följer Yeehats älgens spår.
Aber ein Tal meiden sie, weil ihnen die Angst tief im Herzen eingegraben ist.
Men de undviker en dal med rädsla djupt inristad i sina hjärtan.
Man sagt, dass der böse Geist dieses Tal als seine Heimat ausgewählt hat.
De säger att dalen är utvald av den onda anden för sitt hem.
Und wenn die Geschichte erzählt wird, weinen einige Frauen am Feuer.
Och när historien berättas gråter några kvinnor bredvid elden.
Aber im Sommer kommt ein Besucher in dieses ruhige, heilige Tal.
Men på sommaren kommer en besökare till den tysta, heliga dalen.
Die Yeehats wissen nichts von ihm und können es auch nicht verstehen.
Yeehats känner inte till honom, och de kunde inte heller förstå.
Der Wolf ist großartig und mit einer Pracht überzogen wie kein anderer seiner Art.
Vargen är en stor varelse, täckt av prakt, olik ingen annan i sitt slag.
Er allein überquert den grünen Wald und betritt die Waldlichtung.
Han ensam går över från det gröna skogsområdet och in i skogsgläntan.
Dort sickert goldener Staub aus Elchhautsäcken in den Boden.
Där sipprar gyllene damm från älgskinnssäckar ner i jorden.

Gras und alte Blätter haben das Gelb vor der Sonne verborgen.
Gräs och gamla löv har dolt det gula från solen.
Hier steht der Wolf still, denkt nach und erinnert sich.
Här står vargen i tystnad, tänker och minns.
Er heult einmal – lang und traurig – bevor er sich zum Gehen umdreht.
Han ylar en gång – långt och sorgset – innan han vänder sig om för att gå.
Doch er ist nicht immer allein im Land der Kälte und des Schnees.
Ändå är han inte alltid ensam i kylans och snöns land.
Wenn lange Winternächte über die tiefer gelegenen Täler hereinbrechen.
När långa vinternätter sänker sig över de lägre dalarna.
Wenn die Wölfe dem Wild durch Mondlicht und Frost folgen.
När vargarna följer vilt genom månsken och frost.
Dann rennt er mit großen, wilden Sprüngen an der Spitze des Rudels entlang.
Sedan springer han i spetsen för flocken, hoppande högt och vilt.
Seine Gestalt überragt die anderen, aus seiner Kehle erklingt Gesang.
Hans gestalt tornar upp sig över de andra, hans strupe levande av sång.
Es ist das Lied der jüngeren Welt, die Stimme des Rudels.
Det är den yngre världens sång, flockens röst.
Er singt, während er rennt – stark, frei und für immer wild.
Han sjunger medan han springer – stark, fri och evigt vild.

www.tranzlaty.com

www.ingramcontent.com/pod-product-compliance
Lightning Source LLC
Chambersburg PA
CBHW010031040426
42333CB00048B/2798